La mort

La vie de famille

DES REPÈRES POUR VIVRE AVEC VOS ENFANTS DE 0 À 7 ANS

Collection dirigée par
Sybil Clerc

L'appétit, Sylviane Bonnot-Matheron
La propreté, Emmanuelle Rigon
Le désordre, Emmanuelle Rigon
La jalousie, Danielle Dalloz

ISBN 2.227.06753.5

3, rue Bayard, 75008 Paris

Marie-Hélène Encrevé-Lambert

La mort

Bayard Éditions

Avec celui que nous aimons,
nous avons cessé de parler
et ce n'est pas le silence.

René CHAR

Sommaire

Introduction

> « Si j'avais su, je serais pas né parce que je veux pas mourir et que les bêtes me mangent la peau. »
>
> Christophe, 6 ans

Christophe vient de découvrir qu'après la mort le corps se décompose, et le voilà qui regrette d'être né ! « Si j'avais su... » Lorsqu'un enfant nous livre ainsi son angoisse devant la mort, nous nous demandons s'il est bien nécessaire de prolonger la discussion sur un sujet aussi effrayant. Et pourtant, nous entendons répéter autour de nous qu'« il faut parler de la mort aux enfants ». Cette injonction est sans doute déjà, à elle seule, une source d'inquiétude et empêche que nous nous posions les bonnes questions. Alors ? À quel âge, pourquoi, comment leur parler de la mort ?

Parler de la naissance, parler de la mort

Parler de la mort aux enfants, tout comme leur parler de la naissance, est toujours difficile et troublant. Car les questions sur l'origine et sur la fin sont des questions fondamentales pour l'être parlant que nous sommes, seul vivant à se demander d'où il vient, qui il est, et à savoir qu'il est mortel. Les longs débats autour de l'éducation sexuelle, dans les années soixante, ont permis d'aborder avec les enfants les questions sur la naissance, aussi bien dans le milieu familial que dans l'enseignement scolaire. Depuis le début des années quatre-vingt, et surtout depuis les années quatre-vingt-dix, la mort est devenue un thème de discussion de plus en plus présent : les adultes aujourd'hui sentent la nécessité de parler de la mort, celle des autres et la leur, et c'est dans ce mouvement qu'ils veulent réfléchir aussi sur la manière d'aborder cette question avec les enfants. Mais, si nous avons l'impression de maîtriser un certain savoir sur « comment on fait les enfants » – mêlé d'une gêne, parce que la réalité de notre désir et de notre jouissance ne peut se dire –, nous sommes bien plus démunis en ce qui concerne notre savoir sur la mort.

La mort ne se passe plus à la maison

Pendant des millénaires, naissances et morts ont rythmé la vie familiale à l'intérieur de la maison. Les enfants voyaient les préparatifs de l'accouchement, entendaient les bruits, devinaient ce qui se passait ; ils allaient autour du lit des mourants, regardaient le corps inanimé, assistaient aux veillées mortuaires, écoutaient voisins et familles resituer le mort dans sa généalogie, etc. Enfants et adultes côtoyaient la mort, étaient familiarisés avec elle.

Aujourd'hui, 75 % des personnes meurent à l'hôpital, entourés de « professionnels », et 99 % des naissances ont lieu à l'hôpital. Désormais naissances et morts sont médicalisées. Mais le bébé revient à la maison, tandis que le mort, lui, est directement transporté de l'hôpital au cimetière ou au crématorium (en passant parfois par des lieux religieux, mais dans un cercueil fermé). Voir le corps sans vie ne peut plus se faire qu'à un moment précis et court dans le cadre anonyme et glacial de la morgue de l'hôpital ; c'est une démarche, un acte qu'il faut vouloir faire. Cela ne fait plus partie des choses de la vie. C'est en cela que l'on peut dire, comme on l'entend souvent, que la mort tend à disparaître, à s'effacer. Elle est sortie du milieu familial et n'est plus l'objet d'autant de rites qu'autrefois.

Paradoxalement, dans le même temps, la mort, les morts envahissent notre vie quotidienne : à la télévision, les actualités nous montrent en direct des corps blessés, mourants ou morts, les films nous rendent spectateurs d'un nombre impressionnant de meurtres. Y voit-on la mort ? Non, on y voit des *images*. Or, la rencontre avec la mort, c'est la rencontre avec le *réel*.

Rester à côté du corps mort d'une personne aimée pendant de nombreuses heures, dans son cadre de vie, donnait une réalité à la perte, tout en maintenant un lien d'accompagnement entre ce temps où elle était vivante et celui où son corps serait définitivement enterré ou brûlé, c'est-à-dire à jamais non visible. Quand la mort a lieu à l'hôpital, les vivants ont souvent le sentiment de s'être débarrassés du corps, de n'avoir pas vraiment fait ce qu'il fallait. Ce sentiment de culpabilité s'accompagne d'une impression d'irréalité de la mort. Voilà pourquoi il est si nécessaire d'en parler ensemble : la parole offre à la fois la possibilité de faire revenir le mort par l'évocation (j'en parle, tu m'en parles, donc il existe) et de l'accompagner autour de « son dernier voyage ».

Accueillir leurs questions

Avec les enfants, il s'agit moins de parler de la mort, que de les entendre nous en parler, même et surtout lorsque c'est de manière détournée. Le problème devient alors : comment recevoir leurs questionnements, comment accueillir leurs découvertes, comment accompagner leurs angoisses, bref comment nous comporter pour qu'ils puissent continuer à nous faire partager leurs interrogations ?

Un simple regard, une certaine gêne suffisent à les faire taire pour longtemps ; des explications rationnelles et scientifiques sur la mort auront le même effet, car ce n'est pas vraiment ce qu'ils demandent. Ils souhaitent un échange autour de tout ce qu'ils devinent et comprennent en explorant ce monde plein de mystères et d'énigmes qui excitent leur curiosité. Ils ont déjà fait, dans les premiers mois de leur vie, des expériences de séparations, au moment de leur naissance, du sevrage, des absences de leur mère, des alternances éveil/sommeil, etc. Leurs questions sur la mort se fondent sur ces premières expériences : ils savent déjà beaucoup plus que nous ne le croyons.

Nous avons tous la possibilité de trouver en nous les mots justes et vrais, et les gestes appropriés, pour être à même de recevoir leurs questions comme un véritable cadeau. C'est pourquoi vous ne trouverez pas ici de « recettes » pour bien parler de la mort, car elles vous priveraient de votre propre parole, qui est à inventer pour chaque situation, toujours particulière. Ce livre vous invite plutôt à une réflexion sur le thème de la mort, à partir de mon expérience de psychanalyste auprès d'enfants et d'adultes.

Tout au long de ce texte, je m'adresse aux parents. Il me paraît important de préciser que je ne pense pas seulement aux mères, mais tout autant aux pères. Un homme, une femme ressentent et expriment les choses différemment. Je crois qu'il est indispensable que le père aussi se sente responsable d'écouter son enfant et de lui répondre, ce qui ne va pas de soi car notre culture commune conduit davantage les hommes à maîtriser leurs émotions qu'à les exprimer.

1

Parler de la mort (avant de parler d'une mort)

> « Ce qui était nul quand mon chat est mort, c'est que mon père a dit : "Eh oui ! C'est la vie !" Et c'était pas du tout la vie, c'était la mort de Grisou et, moi, après, je faisais que pleurer la nuit tout seul dans mon lit. »
>
> Jérémie, 6 ans

Cette phrase – « C'est la vie » – laisse Jérémie seul avec ses questions sur la mort et avec son chagrin. Il comprend seulement que son père ne peut (ou ne veut) pas parler de ce qui vient d'arriver à son chat. Et à la peine d'avoir perdu Grisou s'ajoute celle de sentir une rupture dans sa relation avec son père qui ne peut pas communiquer avec lui autour de cette forte émotion.

Avant qu'un enfant ne soit confronté, comme Jérémie, à la perte d'un animal ou à celle d'une personne aimée, il y a heureusement mille petites occasions de parler de la mort. Et là, oui, parler de la mort avec lui, c'est parler de la vie, parce que toute vie a un commencement et une fin : une fleur, un arbre, un animal, un humain naît, grandit et meurt. Cela concerne tout vivant.

Quand parler de la mort ?

Dès l'âge de 2 ans, les enfants posent des questions sur la mort, moins pour obtenir une réponse que pour communiquer. Et, de même qu'ils ont très tôt des idées sur leur origine, ils ont des théories variées sur la fin des choses. Il ne s'agit pas de leur donner des explications (que savons-nous nous-mêmes de la mort ?), mais de les écouter pour comprendre où ils en sont dans leur interrogation et d'engager un dialogue avec eux, sans avoir peur de les angoisser. Une fleur fanée, une abeille morte, une feuille en automne qui se détache d'une branche... et voilà une question qui surgit : observer, parler de ce passage de la vie à la mort les familiarisera avec le fait... de pouvoir en parler ! Les tout jeunes enfants sont sensibles à ce cycle naturel. Loin d'être choqués par ces évocations de vie et de mort, ils en sont curieux. Pour pouvoir se lancer eux-mêmes dans l'aventure humaine, ils ont vite besoin de s'assurer aussi que les deux « vides » qui entourent si mystérieusement la vie, *avant* (la naissance) et *après* (la mort), ne nous font pas peur à nous, adultes. Peut-être devons-nous déjà commencer à nous interroger nous-mêmes sur ce point.

En parler avec eux permettra, le jour venu, de mieux aborder un autre aspect de la mort : la perte douloureuse, celle d'un proche, qui laisse chacun seul dans sa souffrance. En effet, chacun vit chaque deuil de manière subjective, particulière, car chaque lien affectif est unique par son intensité, sa complexité, son ambivalence. De plus, chaque deuil réveille toutes les souffrances des pertes passées, plus ou moins bien cicatrisées. Que dire alors à l'enfant endeuillé ? La peur de « remuer le couteau dans la plaie » ou simplement l'angoisse suscitée par le chagrin de l'enfant conduit souvent à préférer le silence ou une parole qui se veut rassurante, mais qui le trompe (quand on lui dit, par exemple : « Il est parti loin, mais il va revenir »). Or, le silence tout comme le mensonge, lors d'un deuil, marqueront l'enfant tout au long de sa vie, souvent dramatiquement. Ils rendront difficiles les séparations et les pertes futures, mais auront aussi des effets sur le rapport qu'il entretiendra avec les autres, y compris dans sa vie d'adulte. Souvent, des patients viennent me consulter après un événement lié à une perte de peu d'importance, parce que, à leur grande surprise, ils sont effondrés et ne peuvent surmonter cette épreuve minime. Grâce au travail analytique, ils parviennent à remonter à un deuil de l'enfance, non élaboré, que la perte actuelle a réveillé et qui est la cause de cette souffrance incompréhensible.

Entre se taire et mal dire, il y a toujours une place pour un parler vrai et une présence qui reconnaît la souffrance de l'enfant et y prend part, en l'écoutant et en la partageant. Bien souvent, nous ne savons que dire, tant nous avons peur de ne pas savoir consoler et rassurer : nous avons pourtant toutes les qualités pour le faire, mais l'angoisse que nous éprouvons nous-mêmes à ce sujet nous empêche de les mobiliser. Pour aborder avec un enfant la question de la mort, il est en effet nécessaire que nous ayons suffisamment réfléchi à notre propre rapport à la mort, la nôtre d'abord, celle de ceux que nous avons aimés et qui ne sont plus, ensuite.

Des questions troublantes

« Le soleil ni la mort
ne se peuvent regarder en face. »
La Rochefoucauld

« Pourquoi elle est morte, la mamie de Juliette ?
– Parce qu'elle était très vieille !
– Ah ?... mais, la maîtresse des moyens, elle est morte l'autre année ! elle était pas vieille !
– Oui, mais tu sais bien qu'elle était malade !
– Moi aussi, j'étais malade dimanche, je suis pas mort !... »

Jean, 5 ans, et sa maman

Quand on commence à répondre aux questions des enfants, on ne sait jamais jusqu'où ils vont nous emmener ! Et lorsque ces questions portent sur la mort, nous sommes particulièrement démunis. Jean, qui demande pourquoi est morte la mamie de Juliette, ne demande pas *de quoi* elle est morte. Pour éviter de penser à notre condition de mortels, nous cherchons toujours une cause à la mort : vieillesse, maladie, accident, etc. Ce subterfuge permet d'éloigner de nous cette donnée inacceptable, inadmissible et non représentable pour nous qu'est la mort, « l'innommable par excellence », disait Lacan. La mamie de Juliette est morte parce que nous devons tous mourir un jour. Si Jean insiste, c'est parce qu'il veut entendre sa mère le lui dire, parce qu'il le sait, et qu'il a peut-être peur de voir mourir quelqu'un qu'il aime, comme cela vient d'arriver à Juliette. Il voudrait bien être rassuré par sa mère à ce propos.

À travers ce petit dialogue, anodin tant il est banal, on mesure le malentendu entre un enfant qui cherche à être tranquillisé sur le fait d'être mortel et sur le danger de perdre l'amour d'un être aimé, et une mère qui veut protéger son enfant, lui épargner ce savoir, parce que, pense-t-elle, « il a bien le temps d'apprendre ces choses-là ! ». Et une mère aussi, sans doute, qui préfère les oublier, ces choses-là...

Jean retiendra de cet échange que sa mère ne peut rien lui dire sur cette question fondamentale qu'est la mort parce qu'elle est source d'angoisse (pour lui, pour elle). De ce fait, son anxiété à lui augmentera. La mère, elle, ne se doutera pas qu'elle a perdu la confiance de son enfant dans sa capacité à le rassurer par un échange de paroles simples et vraies. Et elle continuera de croire qu'il ne sait pas ce qu'est la mort et à s'en féliciter.

Que savons-nous de la mort ?

Mais comment penser que l'enfant sait, alors que nous, adultes, déployons une énergie considérable pour oublier notre destin ? Les sages, les philosophes, les penseurs, les théologiens, mais aussi les poètes, les bouffons et les baladins rappellent depuis toujours à l'homme qu'il est mortel ! Au milieu des banquets égyptiens, on montrait aux convives une image de la mort en leur disant : « Bois et réjouis-toi, car, mort, tu seras comme cela. » De Sénèque (« La première heure qui t'a donné la vie l'a entamée ») à Freud (*Si vis vitam, para mortem* – Si tu veux vivre ta vie, prépare ta mort – en référence au célèbre adage *Si vis pacem, para bellum* – Si tu veux la paix, prépare la guerre), en passant par Montaigne (« N'ayons rien si souvent en tête que la mort ») et tant d'autres encore, tous nous disent que c'est bien la conscience de la mort qui donne du prix et du sens à notre vie. Qui, tout simplement, nous permet de savoir que nous sommes vivants. Cette conscience de la mort est au fondement des religions, de l'art, de la culture. Elle est aussi au cœur des jeux d'enfants : ils aiment jouer à se tuer, à être mort [1] ; ils mettent en scène la mort dans un scénario imaginaire pour que la réalité de la vie prenne tout son sens et pour manifester leur plaisir de

---

1. C'est une évidence pour les garçons. Il faudrait affiner cette affirmation en ce qui concerne les filles : dans leurs jeux, elles sont plus souvent orphelines ou abandonnées que mortes ou meurtrières. Elles font plutôt porter la question de la vie et de la mort sur leurs parents ou sur leur poupée (très malade...).

vivre. Tout comme les philosophes, ils nous renvoient à notre condition de mortels avec leurs remarques et leurs questions : « Est-ce que je pourrai avoir ta bague quand tu seras morte ? » demande une petite fille à sa mère. Nous rions – un peu jaune ! Pourtant, c'est une occasion qui s'offre de lui dire que nous sommes bien heureuses d'être vivantes et d'avoir de jolies bagues ! Et vraiment contentes de savoir qu'elle aime le bijou et le portera quand nous ne serons plus là. Ceci, pour montrer à l'enfant à la fois que nous ne sommes pas détruites par l'agressivité inconsciente de sa phrase et que nous partageons sa joie de vivre et son plaisir à s'imaginer avec nos bijoux quand nous serons mortes...

Nous avons l'expérience... de la mort des autres

Notre mort, nous ne la vivrons pas. Pour le dire en termes philosophiques, nous n'en serons jamais le sujet. De même que nous disons de quelqu'un : « Il est mort », de même quelqu'un dira de nous : « Il (elle) est mort(e). » Le verbe *être mort*, au sens propre, ne se conjugue pas à la première personne : « je suis mort » ne peut se dire qu'au sens figuré, pour signifier « je suis épuisé », « je n'en peux plus » ; nous pouvons dire aussi « j'étais mort de rire » pour « je riais tellement que je n'en pouvais plus ! » ; et même « pour eux, je suis mort et enterré ! » pour « c'est comme si je n'existais plus ». Mais nous ne dirons pas « je suis mort » quand ce sera vrai.

Si nous ne pouvons pas nous représenter notre mort, nous pouvons « fantasmer » autour d'elle : beaucoup de gens imaginent leur enterrement, l'attitude de leurs proches, leur peine. Cette activité de fantasmatisation est particulièrement intense dans les moments de crise, à l'adolescence ou lors des séparations : il s'agit de nous assurer que nous manquerions à quelqu'un si nous disparaissions, et donc que nous comptons pour quelqu'un. Ce que nous ressentons comme pire que la mort, parce qu'alors nous sommes vraiment sujet de ce qui se passe, c'est l'abandon, la perte de l'amour des autres, si redoutée du petit enfant (et de la personne âgée qui, petit à petit, voit son entourage prendre ses distances et souvent l'abandonner à sa solitude). Si nous craignons cette perspective plus encore que la mort, c'est qu'au fond, la mort, nous n'y croyons pas. Cela ne nous empêche pas de savoir qu'elle existe et d'en avoir peur. Pour ne pas la « regarder en face », une grande majorité d'entre nous – selon les enquêtes sur cette question – souhaite une mort brutale, comme lors d'un infarctus, et de préférence pendant le sommeil. Pourtant, autrefois, dans la société chrétienne, la mort lente était appelée la « belle mort ». Était-on plus courageux à l'époque ? Ou la mort lente était-elle souhaitée pour que le mourant puisse régler ses problèmes de conscience (confession, extrême-onction, etc.) avant d'affronter le Jugement dernier ? L'enfer, alors, était plus craint que la mort elle-même...

La mort nous fait doublement peur

La mort nous concerne tous, mais nous n'en parlons pas facilement, car elle nous fait doublement peur : nous avons peur de la mort de l'autre (d'une personne aimée) qui va nous confronter à la douleur de la perte et à toute la problématique du deuil et nous avons peur de notre propre mort, dont nous ne pouvons prévoir ni le moment ni les conditions dans lesquelles elle se produira. Parce qu'elle est liée à la fois à la souffrance de la perte et à l'inquiétante et mystérieuse inconnue de notre propre disparition, nous nous efforçons d'« oublier » cette donnée pourtant fondamentale : tout ce qui vit meurt.

Pourtant, à la différence des autres espèces, l'homme – parce qu'il parle – sait qu'il verra mourir autour de lui et qu'il devra mourir lui-même. « Seul l'homme meurt, écrit le philosophe allemand Heidegger. L'animal périt. La mort comme mort, il ne l'a ni devant lui, ni derrière lui. » Nous sommes tous conscients que l'homme est mortel et nous avons fait l'expérience que les autres meurent, expérience qui est celle du deuil, de la perte, mais non de la mort. Pour autant, pouvons-nous penser notre propre mort ?

« Dans l'inconscient, écrit Freud, chacun de nous est persuadé de son immortalité [1]. » En effet, nous vivons comme si nous avions « la vie devant nous », ce qui nous permet de faire des projets. Et, tant que nous vivons, nous nous sentons immortels : une très

---

1. Sigmund Freud, « Considérations actuelles sur la guerre et sur la mort », *Essais de psychanalyse*, Paris, Payot, 1995, p. 26.

vieille dame de 98 ans, me racontant un souvenir, disait : « Je m'en souviendrai encore longtemps ! Toute ma vie, même ! » Et Villiers de l'Isle-Adam s'exclamait au moment de mourir : « Ah ! je m'en souviendrai de cette planète ! » Mais la conscience de la mort est un savoir très particulier, puisque, dans l'inconscient, nous sommes immortels. C'est sans doute déjà une des raisons pour laquelle l'être parlant... ne parle pas trop sur ce sujet qui met en opposition chez lui un savoir conscient et son propre inconscient.

Nous verrons que notre « immortalité » inconsciente trouve certainement ses racines dans notre enfance, dans le fait que, la perte, la déchirure, la séparation d'avec l'autre tant aimé (la mère), les enfants la connaissent, ils l'ont éprouvée, ils en ont souffert, ils ont cru en mourir... et ils sont pleins de vie !

Et ils nous posent des questions !

À quoi tiennent nos réponses ?

Notre attitude face à leurs questions (directes ou implicites) va dépendre en premier lieu de notre propre rapport à la mort (lié à la manière dont nous avons éprouvé nous-mêmes nos pertes, nos deuils successifs, à nos expériences, à notre imaginaire fantasmatique, à nos angoisses personnelles). Elle va dépendre aussi de la façon dont on nous a parlé de la mort quand nous étions enfants. Nos réponses découlent toujours de notre propre histoire, de notre éducation, de notre culture, de l'idée que nous nous faisons de la dignité – « parler de ses malheurs est un signe de faiblesse », entend-on souvent – de restes de superstition – « parler de la mort la fait venir », etc.

Notre comportement est également marqué par l'image du monde que nous voulons donner à nos enfants jeunes (un monde protégé, merveilleux, magique, ou un monde plus réaliste dans lequel la souffrance a sa part) et par la peur de mal répondre et de provoquer inutilement chez eux un sentiment d'angoisse (s'ils savent que tout le monde doit mourir, ne vont-ils pas craindre de perdre leurs parents, alors qu'ils ont encore tant besoin d'eux ? Vont-ils sentir que leurs questions nous inquiètent et devenir inquiets eux-mêmes ? Est-ce bien nécessaire de les effrayer ? etc.).

Enfin, nous réagissons en fonction de l'idée que nous nous faisons de ce que peut comprendre un enfant sur un sujet aussi complexe que la mort. On a sous-estimé, pendant très longtemps, l'aptitude du bébé à voir, sentir, entendre, analyser ce qui l'entoure. On sait aujourd'hui qu'il se rend compte de ce qui se passe autour de lui, et qu'il n'« oublie » pas mais « refoule » les affects qui ne peuvent pas se communiquer à l'entourage : au risque de les voir resurgir, lorsque l'occasion s'en présentera, sous la forme d'un symptôme.

À notre difficulté personnelle de parler de la mort s'ajoute ainsi une volonté bien légitime de protéger nos enfants contre les duretés de ce monde. Tant qu'ils sont complètement dépendants physiquement, affectivement, psychiquement de leur entourage, ne risque-t-on pas de les mettre dans une profonde insécurité en leur parlant de la mort ? Pourquoi en parler ? Comment en parler ?

Et eux, au fait, qu'en pensent-ils ?

2

Premières séparations, premiers deuils

« Comme la mort (à y regarder de près) est le vrai but final de notre vie, je me suis tellement familiarisé avec cette véritable et parfaite amie de l'homme, que son image, non seulement n'a plus rien d'effrayant pour moi, mais me paraît apaisante, très consolante !
Et je remercie Dieu de m'avoir accordé le bonheur de saisir l'occasion d'apprendre à la connaître comme la "clef" de notre vraie félicité... Je ne vais jamais au lit sans réfléchir que le lendemain peut-être (si jeune que je sois) je ne serai plus là... »

Lettre de Mozart à son père, 4 avril 1787
(Mozart a 30 ans. Il meurt à 35 ans...)

Dans ce chapitre, je vais aborder des choses difficiles, mais qu'il est utile de comprendre. En effet, pour pouvoir répondre à l'enfant sur la mort, pour lui en parler, il faut savoir ce qui se passe psychiquement chez lui.

Comment le petit enfant se développe-t-il depuis son existence à l'intérieur du ventre de sa mère jusqu'à la fin de ce qu'on appelle depuis Freud le complexe d'Œdipe (autour de 4-6 ans) ? Si tout le monde a plus ou moins entendu parler de ce fameux complexe, la plupart des parents ignorent, le plus souvent, les processus psychiques qui sont à l'œuvre chez le nourrisson lors des premières séparations avec la mère. Or ces processus psychiques sont les prototypes de ceux qui interviennent lors d'un deuil. On les retrouve chez tout humain, enfant ou adulte, en face de la séparation et de la mort.

Je parle, donc je suis mortel

La conscience de la mort, qui est propre à l'homme, est inséparable du langage. Le langage nous permet de rendre présent ce qui est absent (par les mots) et donc de penser l'absence : le lien est direct entre le fait de parler et le fait de nous savoir mortels). Il permet aussi de nommer toutes les émotions et les sentiments confus que ressent l'enfant dès sa naissance : lorsque le bébé pleure, la mère (ou la personne qui occupe cette place) va donner un sens à ses pleurs. Elle dira à l'enfant qu'il a faim et qu'elle lui prépare son biberon ; ou qu'il a froid et elle le couvrira davantage ; ou qu'il est mouillé et elle changera sa couche ; ou qu'il y a trop de lumière, ou qu'il a un petit « rot » qui le gêne, etc. Ainsi, l'enfant va s'inscrire lui aussi dans le langage et repérer, avec des mots et avec la réponse matérielle apportée par la mère, ce qu'il sent confusément en lui. L'apaisement viendra et de la réponse et du sens donné à son appel. Le langage donne du sens à la vie. En même temps, le langage est toujours inadéquat. De même que la perte creuse une déchirure, le langage creuse un vide parce qu'il ne peut jamais tout dire. C'est ce que l'on exprime dans des phrases comme : « Il n'y a pas de mots pour dire ma peine. »

Tout enfant a expérimenté le deuil

Dans les premiers mois de son existence, le tout-petit va apprendre à se dé-fusionner de sa mère, c'est-à-dire à faire la différence entre ce qui est « moi » et ce qui est « non-moi ». Car, dans un premier temps, il ne se différencie pas d'elle, il fait « un » avec elle psychiquement, et ce, bien qu'il ait fait l'expérience, à la naissance, de la séparation physique d'avec elle. Cela signifie que la séparation « de corps » est antérieure à la séparation psychique, elle la précède. Ces deux séparations – physique et psychique – provoquent chez lui tout un travail mental qui mobilise le même type de mécanisme que toutes les séparations futures et en particulier les deuils qu'il traversera dans sa vie.

En ce sens, on peut dire que les dispositifs psychiques que l'enfant va utiliser dans les premiers mois de sa vie sont les prototypes de ceux qu'il utilisera ensuite lors des séparations ou des deuils. C'est dire d'emblée que le bébé a déjà expérimenté ce « travail » du deuil, et c'est en cela que tout enfant sait, connaît, a fait l'expérience du deuil dès son plus jeune âge. Cette expérience précoce sera réveillée à chacune des séparations futures. Bien sûr, le bébé de 3 mois n'a pas la même conscience de la mort que l'adulte, mais il éprouve les mêmes souffrances et il s'organise psychiquement pour pouvoir les dépasser.

Par la suite, chaque deuil ramènera tout sujet – enfant ou adulte – à une régression vers ce temps révolu où l'enfant et la mère ne faisaient qu'un.

De 0 à 4 mois : les premières séparations

Dès notre naissance, nous avons tous à faire ce double deuil originel : celui du corps de la mère dans lequel nous avons grandi, puis celui de la mère avec laquelle nous nous confondions.

La naissance et les tout premiers mois de la vie sont les seuls temps de la vie humaine où se confondent la perte de l'autre et le sentiment de la mort de soi-même, parce que le moi et le non-moi (l'autre) ne sont pas encore distincts, séparés pour le bébé.

Melanie Klein[1] distingue chez le nourrisson, lors de la première année, une première position (de 0 à 4 mois) dite *position paranoïde* qui se caractérise par le fait que cohabitent, chez le bébé, à la fois des pulsions libidinales (liées au désir et à l'amour) et des pulsions agressives. À cet âge, l'« objet » (la personne vers qui tendent ces pulsions : la mère ou la personne qui occupe sa place) est un objet « partiel », non séparé de lui (c'est le sein qui le représente). Cet

1. Psychanalyste anglaise (1880-1960) qui a fondé la psychanalyse d'enfants.

objet partiel est divisé en deux : le « bon » et le « mauvais objet ». Le nourrisson « introjecte » (incorpore, avale) fantasmatiquement le « bon objet », en conservant à l'intérieur de lui les expériences satisfaisantes, et rejette à l'extérieur le « mauvais objet », les expériences désagréables. Il ressent une grande angoisse lors des expériences non satisfaisantes, qu'il perçoit comme « persécutives » (par exemple, s'il a mal au ventre en tétant mais également si les gestes de sa mère sont brusques, si le ton de sa voix est dur, etc. ; dans ces situations, il s'imagine agressé par l'autre, c'est-à-dire par la mère).

Vers le quatrième mois, et pendant les mois qui suivent, l'enfant occupe une position dite *dépressive* qu'il surmontera, mais celle-ci réapparaîtra au cours de sa vie lors d'épreuves de séparations ou de deuil. À ce moment-là, l'objet « partiel » devient « total », c'est-à-dire que l'enfant reconnaît alors sa mère comme étant entière et différente de lui. Ses pulsions agressives et libidinales se réunissent pour viser le même objet : sa mère. L'enfant se sent alors en danger, parce qu'il craint à la fois de détruire sa mère (par ses pulsions agressives qui se manifestent par l'envie de mordre, d'avaler, etc.) et d'être détruit, abandonné par elle, en retour. Il a peur de perdre ce que représentait le « bon objet » : amour, sécurité, protection. Si son monde intérieur n'est pas assez construit, les absences de la mère sont ressenties comme un abandon.

Grâce à l'expérience répétée et heureuse de retrouvailles satisfaisantes, l'enfant comprend progressivement que sa mère n'a pas été détruite par ses fantasmes agressifs et qu'elle ne va pas le détruire non plus. Son amour pour elle et sa sécurité interne augmentent et son angoisse diminue. Au contraire, si les retrouvailles avec la mère se passent mal, l'ambivalence des sentiments de l'enfant augmente et il en retire la preuve que sa mère le persécute ; son monde intérieur s'en trouve menacé.

Pour sortir de cette position dépressive, le bébé va intérioriser une bonne mère idéalisée et rejeter hors de lui les « mauvais objets ». « Chez le jeune enfant, la mère idéalisée est une sauvegarde contre une mère morte ou vengeresse et contre tous les mauvais objets. Elle représente donc la sécurité et la vie elle-même [1]. » Lors d'un deuil, la position dépressive va être réactivée chez l'enfant, mais aussi chez l'adulte qui va utiliser les mêmes processus que le nourrisson pour surmonter cette épreuve : non seulement il va installer en lui-même l'objet d'amour qu'il a perdu dans la réalité, mais il devra encore réinstaller en lui « ses bons parents » qui sont menacés d'être détruits chaque fois que survient un deuil. « C'est en réinstallant à l'intérieur de lui, dans son corps, ses "bons parents" aussi bien que l'être qu'il vient de perdre, et en reconstruisant son monde intérieur désagrégé et rempli de dangers, qu'il surmonte sa souffrance, retrouve la sécurité et parvient à l'harmonie véritable et à la paix. [1] »

Les épreuves de séparation du tout-petit sont donc importantes : passage de l'intérieur du corps de la

1. Melanie Klein, « Le deuil et ses rapports avec les états maniaco-dépressifs », *Essais de psychanalyse*, Paris, Payot, 1968, p. 353.

mère au monde aérien, perte du placenta (enveloppe contenante qui faisait partie de lui et de sa mère et dont ils se séparent tous les deux à la naissance), sevrage, construction du moi séparé de la mère, construction de l'autre. Toutes ces expériences conduisent le bébé à s'ouvrir à l'autre, à rencontrer d'autres personnes que sa mère, son père en premier lieu.

De 4 à 18 mois : l'expérience de l'absence

À cet âge, l'opposition vie/mort n'existe pas, l'enfant ne connaît que l'alternance présence/absence. C'est le moment où le bébé manifeste énormément de joie et d'excitation dans le jeu « coucou-caché » avec sa maman ou une personne aimée de son entourage. Ce jeu, organisé par la mère, symbolise cette alternance. Chaque fois que le drap découvre le visage du bébé qui voit alors sa mère et est vu d'elle, il rit aux éclats ; et lorsque le drap recouvre sa tête, il attend, très excité, le plaisir de retrouver sa mère présente, bien qu'il ne la voie plus. C'est parce qu'il est sécurisé, qu'il sait que l'autre est là et l'aime qu'il trouve du plaisir à ce jeu. Mais parfois le jeu tourne au drame : si le temps où l'enfant est recouvert par le drap dure trop longtemps, par exemple, il sent l'angoisse monter en lui, son monde interne est déstabilisé et il pleure, désespéré. Cette réaction révèle

1. Melanie Klein, *op. cit.*, p. 369.

toute la fragilité de la construction de ce monde interne rassurant, et nous devrions y être très attentifs pour ne pas provoquer chez le bébé ce qui est un vrai désespoir.

Un peu plus tard, vers 8-12 mois, le petit enfant va mettre en scène lui-même le départ de sa mère. Nous connaissons tous ces moments très joyeux pour lui où il jette inlassablement des objets par-dessus bord, exigeant qu'on les lui ramasse. Ces objets qu'il fait disparaître représentent sa mère. Plus tard encore, il maîtrise seul et le départ et le retour : Freud raconte et analyse le jeu de son petit-fils de 18 mois, connu dans la psychanalyse sous le nom de *fort-da* [1] (en allemand, *fort* signifie « loin, parti », et *da*, « là, voilà »). L'enfant a une bobine attachée à une ficelle. Il la lance, en gardant la ficelle en main, par-dessus son petit lit en s'écriant « parti ! », puis la ramène vers lui grâce à la ficelle et dit, tout heureux, « là ! ». Ainsi, c'est lui qui fait disparaître la bobine représentant la mère qui s'en va, et même, par l'acte de jeter, il soulage son agressivité envers elle qui l'a laissé seul. Il fait aussi revenir la bobine (donc la mère qu'elle représente) quand il le souhaite, avec une grande satisfaction. Ce jeu, accompagné de paroles (« parti ! voilà ! »), montre bien ici en quoi le langage est dès le début de son acquisition lié à la dimension de la perte, et donc de l'angoisse de séparation et de mort.

---

1. Sigmund Freud, « Au-delà du principe de plaisir », *Essais de psychanalyse*, Paris, Payot, 1995, p. 52.

De 18 mois à 3 ans : un savoir sur la mort

L'enfant commence à parler : parmi ses premiers mots, il y a « pas là » et « parti », comme le montre l'exemple raconté par Freud. L'enfant a bien compris la notion d'absence et il a fait suffisamment d'expériences rassurantes pour l'évoquer sans angoisse. Déjà, à cet âge, le sens de la mort est présent. Certains enfants de moins de 3 ans peuvent parler de leurs grands-parents décédés en donnant des précisions sur ce qui définit la mort : « Le papa de maman est mort, il bouge plus, il peut pas voir, il entend pas, et maman ne peut plus le voir jamais », dit Isabelle, 2 ans et demi.

Les adultes ont du mal à penser qu'il s'agit d'un savoir sur la mort parce que les petits enfants peuvent affirmer que le mort ne vit plus et s'inquiéter, dans le même temps, de ce qu'il mange ou des dangers qui le menacent. Ainsi, Jean-Pierre, 3 ans : « Voilà ! Il est mort ! Il est couché dans sa tombe avec les yeux fermés. Il a la bouche fermée parce qu'on peut attraper des microbes, sinon. »

Pour d'autres, le cycle vie/mort s'apparente au cycle sommeil/veille et l'idée de « plus jamais » n'est pas encore intégrée. Ces « savoirs » sur la mort dépendent évidemment beaucoup de ce que l'entourage a pu dire (et l'on sait combien l'entourage parle peu de la mort) et de l'expérience de l'enfant (s'il a, ou non, vécu la perte d'un animal, d'un humain aimé). Ce que l'on constate, c'est que plus il en fait l'expérience tôt, plus il montre qu'il a sur la mort à peu près la même conception que l'adulte, dès qu'il parle.

De 3 à 6 ans : la séparation affective

À partir de 3 ans, l'enfant entre dans une période qui va réactiver le processus de la position dépressive du nourrisson : il va se séparer de sa mère, non plus physiquement ni psychiquement – il l'a déjà fait –, mais affectivement. La mère est son premier objet d'amour et les personnes de la famille autour de l'enfant n'entrent pas en rivalité avec elle jusque-là. À 3 ans, le petit garçon va essayer de conserver son amour pour sa mère et se mesurer à son rival, son père. En effet, le père, que l'enfant aime, devient son ennemi puisque tous deux veulent la mère comme objet d'amour. Le petit garçon souhaite, inconsciemment, la disparition du père et craint, à cause de ces mauvais sentiments, que son père ne le prive de ce qui fait sa fierté de petit garçon et ce dont il tire un certain plaisir : son sexe. C'est la menace de castration imaginée par le petit garçon qui l'oblige à abandonner cet amour premier pour sa mère, abandon imposé par le père et par la loi primordiale et constitutive du désir : l'interdit de l'inceste. Le petit garçon aimera, plus tard, une autre femme.

La petite fille, elle, abandonne aussi son amour premier pour sa mère et se tourne vers son père qui devient le principal objet de ses attentions. Elle en veut à sa mère de l'avoir faite fille, se détourne d'elle et veut compenser son manque (de phallus) en souhaitant un enfant de son père. Elle devra abandonner également ce deuxième amour : elle aimera, plus tard, un autre homme que son père, du fait de l'interdit de l'inceste.

L'enfant vit là des moments importants parce que l'abandon de l'amour pour la mère et le père se fait dans la crainte de représailles et engendre de la haine. Inconsciemment, l'enfant se débarrasserait volontiers du parent interdicteur (le père) et/ou de la mère jalousée, ce qui engendre cette angoisse de castration, intimement liée à l'angoisse de mort. Ces sentiments de haine et ces souhaits inconscients de mort font que le décès d'un parent à ce moment-là est particulièrement difficile à supporter, comme nous le verrons plus loin.

À cet âge, les enfants représentent les morts dans leurs dessins, souvent dans des tombes ou près d'une croix, couchés, avec des membres plus petits que ceux qu'ils dessinent aux vivants, et *la* mort commence à apparaître sous la forme de fantôme.

De 6 à 10 ans : la conscience de la mort

À cette étape de leur vie, les enfants entrent dans la période dite de « latence » : ils ont dépassé les questions de rivalité amoureuse avec les parents, les tensions et les excitations sexuelles se sont apaisées. C'est le temps des apprentissages pour tous ceux qui ont réussi à régler psychiquement leurs conflits internes. Ils cherchent à comprendre le monde et le pourquoi des choses. En ce qui concerne la mort, ils ont exactement les mêmes conceptions que les adultes. Ils recherchent la causalité de la mort et la personnalisent : elle est représentée dans leurs dessins comme un fantôme, un squelette ou un monstre, et elle fait peur. Ils se savent mortels et savent aussi que la mort ne touche pas seulement les personnes âgées, indépendamment de leurs expériences. Ils la savent irrémédiable et universelle.

Pendant toutes ces premières années, l'enfant vit donc une suite de séparations douloureuses mais nécessaires pour pouvoir « grandir ». Il est de plus en plus indépendant et crée des liens affectifs avec ses parents qui lui permettent de partir à la rencontre des autres, du monde et du savoir, en ayant une bonne sécurité interne.

Ces épreuves lui donnent une expérience de ce qu'est la perte et le deuil : il a envie d'en parler avec tous.

3

Premières rencontres avec la mort

La mort dans la nature

Le monde animal fait l'objet d'un vif intérêt et d'un fort investissement de la part des enfants. Toutes les petites bêtes bougent, volent, se déplacent et, pour l'enfant petit, l'activité motrice est vraiment extraordinaire : c'est pour lui la première expérience d'un minimum d'indépendance. Il n'a plus besoin de pleurer ou de tendre les bras pour changer de place, il peut aller, d'abord à quatre pattes, puis sur ses deux jambes, d'un endroit à un autre. C'est le début d'une liberté qui lui procure de grandes satisfactions. Il aime regarder les insectes se déplacer et observe, perplexe, un animal arrêté dans son mouvement, avec une certaine angoisse : « Il bouge plus ? » demande-t-il. Si le scarabée est mort, que dire ? Au tout-petit, la réponse qui arrive immédiatement est « il fait dodo ! » pour éviter de parler de la mort ; si l'enfant s'amuse à triturer le scarabée et découvre qu'il ne se réveille pas, il va être partagé entre l'explication que sa mère vient de lui donner et le sentiment d'avoir découvert autre chose (il lui en restera peut-être l'association inconsciente : faire dodo/ne pas se réveiller ; et il ne voudra plus aller se coucher...).

Une accumulation d'expériences de cet ordre peut enlever un certain crédit à la parole des personnes qui comptent pour l'enfant ; mais comme celui-ci ne veut pas penser que ses parents le trompent (puisqu'il ne serait plus alors en sécurité), il va plutôt refuser sa propre intuition, refuser de se fier à l'expérience même pour ne pas être en contradiction avec eux. Et il va perdre confiance en lui-même, en son propre jugement, en sa propre expérience.

Françoise Dolto proposait une réponse qui tranquillise l'enfant tout en étant juste : il ne bouge plus « parce qu'il a fini de vivre » ; ou encore « on ne meurt que quand on a fini de vivre ». Et elle poursuit : « Cette lapalissade, qui est de la vérité, est une vérité qui rassure totalement les enfants qui passent par le moment d'anxiété de la mort[1]. » Si cette explication les rassure, c'est parce qu'immédiatement l'adulte a lié la mort à la vie.

Les enfants associent très vite la mort et l'absence de mouvement (« la mort, c'est quand on ne bouge plus »), parce qu'au fond, la vie, pour eux, c'est le mouvement. Pleins de compassion pour l'animal privé

1. Françoise Dolto, *Parler de la mort*, Paris, Mercure de France, 1998, p. 38.

de vie, ils vont l'observer avec une grande curiosité. C'est souvent cette curiosité, à la place de l'effroi, qui étonne l'adulte et lui laisse penser que l'enfant ne comprend pas le sens de la mort. Mais ce dernier est comme un chercheur, la peur ne l'empêche pas de vouloir comprendre, s'il se sent autorisé à le faire.

Un petit oiseau mort au milieu d'un chemin : l'enfant le prendra dans sa main, s'étonnera de sa légèreté, voudra l'enterrer. Un hérisson écrasé sur le bord de la route sera retourné à l'aide d'un bâton et attentivement regardé : la forme, le sang, les petites bêtes qui s'affairent autour pour se nourrir, etc. Rares sont les adultes qui supportent cela longtemps ! Ils abrègent ce temps de découvertes en intervenant : « Laisse, c'est dégoûtant ! », induisant ainsi l'idée que le corps mort ne doit pas être approché, qu'il est répugnant ou, en tout cas, qu'il dérange. Et cela se comprend bien : la représentation mentale du corps humain qui se décompose est insupportable et nous la repoussons avec horreur. Le petit enfant, lui, n'a pas à lutter contre cette représentation, parce qu'elle ne vient pas encore à son esprit. Il observe seulement pour comprendre. C'est à partir de ces expériences qu'il commence à se construire un savoir sur la mort, les adultes, eux, étant muets (comme la mort elle-même !) sur ce sujet.

« Pourquoi tu tues la mouche ? »

C'est une chose d'examiner un animal mort, c'en est une autre de voir sa mère ou un adulte en tuer un. Lorsque la société était majoritairement composée de paysans (jusqu'au milieu du XXe siècle, en France), voir tuer poulets, lapins et cochons à la ferme faisait partie de la vie de tous les jours et était lié au fait de se nourrir. Mais, s'ils y étaient habitués, certains enfants étaient choqués par ce spectacle : biographies et romans racontent la douleur que suscitaient chez eux ces pratiques. Le peintre Alfred Manessier racontait que, enfant, il n'échappait à l'angoisse épouvantable que faisaient naître en lui les cris des cochons égorgés dans la cour de sa tante – elle tenait une charcuterie – qu'en s'absorbant entièrement dans la contemplation des verres de couleurs ornant la porte du jardin. Il attribuait à cette sublimation l'origine de sa vocation de peintre, et plus particulièrement de son amour du vitrail. Aujourd'hui, l'enfant n'assiste plus à la mort des animaux de ferme et voir sa mère tuer une mouche peut provoquer chez lui, selon son âge, de l'incompréhension ou de la terreur. À la question « Pourquoi tu tues la mouche ? », les réponses comme « elle est méchante » ou « c'est sale » peuvent angoisser un enfant souvent qualifié de « méchant » ou de « sale » par ses parents. Pour lui, la toute-puissance de ses parents est telle qu'il est à la merci de leurs actes et, s'il s'identifie à la petite mouche « sale » ou « méchante », il risque de se sentir en grande insécurité. Pour se protéger, il peut alors déployer toutes sortes de conduites (comme se soumettre entièrement au désir de sa mère ou, au contraire, être systématiquement en opposition avec elle, ou encore se replier sur lui-même, régresser, etc.). Ces attitudes mobilisent une grande partie de son énergie, qui ne sera plus disponible pour les acquisitions de son âge. Pourquoi tuons-nous les mouches ? Parce qu'elles polluent les aliments. Voilà une réponse qui ne l'inquiétera pas !

Il s'amuse à écraser les fourmis

Que dire à l'enfant qui joue avec un petit animal et le « martyrise » ? Quel sens cela a-t-il pour lui ? Comment protester, au nom du respect de ce qui vit, quand nous supprimons nous-mêmes mouches et moustiques, que nous pêchons ou allons à la chasse, et quand nous regardons tranquillement les informations montrant tous les jours un nombre important de meurtres et de crimes ? Lui aussi a des pulsions destructrices et agressives. Dans le rapport adulte/animal, l'enfant se sent bien souvent du côté de l'animal parce qu'il s'identifie à lui (il est, lui aussi, tout petit par rapport aux grandes personnes). Lorsqu'il attaque un insecte ou un petit animal, il met en scène, bien sûr, son agressivité, mais aussi sa propre insécurité : dans le jeu, il est à la fois l'animal martyrisé et celui qui martyrise – comme on le voit de manière évidente dans les jeux où la petite fille hurle et gronde sa poupée en reprenant les mêmes mots et les mêmes intonations que sa mère ou sa maîtresse. Lui dire alors, en se fâchant, « tu aimerais que je te fasse ça, moi aussi ? » ne peut que redoubler son sentiment d'insécurité. Lui demander ce que doit penser l'animal maltraité (ou la poupée) l'aidera, au contraire, à dire, au nom de l'animal (ou du jouet), ce que lui-même ressent et un échange pourra avoir lieu entre l'enfant et l'adulte. Sa « sécurité de base » sera renforcée et il aura de nouveau confiance en lui-même et en l'autre.

L'oiseau tombé du nid

Cette identification à l'animal est manifeste lorsque des enfants trouvent un « bébé oiseau » tombé du nid encore vivant. L'invention dont ils sont capables pour imaginer ce qui pourrait permettre à l'oiseau de vivre est extraordinaire : ils connaissent les besoins fondamentaux des bébés (et particulièrement ceux qui vont au-delà des besoins purement matériels), car ils les éprouvaient encore il n'y a pas si longtemps. Ils donnent à l'oiseau chaleur, douceur, tendresse, paroles réconfortantes, en plus de la boisson tiède, etc. Si l'oiseau ne survit pas, leur peine est grande, tant ils ont eu d'espoir de le sauver. Ils utilisent des rituels pour l'enterrer et lui manifestent leur affection. Respecter leurs initiatives et leur sérieux, les accompagner dans leur chagrin procurent un moment de profonde communication, qu'un petit sourire ironique adressé à un autre adulte cassera complètement : l'enfant est sensible à l'authenticité de l'adulte et il est profondément meurtri quand il perçoit que, malgré les apparences, on se moque un peu de lui.

La mort de l'animal familier

« Et voici que, étendu près d'elle dans son attitude familière de protection, de tendresse et de jeu, il s'éloignait chaque instant davantage [...]. Il s'en allait... Mais où ? Mais où était-il déjà parti ? Les sentiments essentiels [...] Patricia les avait tous connus par le truchement de King. C'était encore le grand lion qui lui faisait découvrir le sentiment de la mort. »

Joseph Kessel, *Le Lion.*

Lors des rencontres avec le petit animal mort, même pour le bébé oiseau qui n'a pu être sauvé, la peine de l'enfant est de courte durée parce qu'il n'était pas lié affectivement. L'animal ne va pas lui manquer. Il a surtout appris quelque chose qui concerne la mort et non la perte. Avec la mort de l'animal familier, la difficulté de parler devient plus grande ; en effet l'enfant souffre, et la souffrance d'un enfant est insoutenable pour un adulte. Chaque parent sait le trouble qui le saisit quand il voit, en se levant, le matin, le cochon d'Inde mort dans sa cage ou le poisson rouge flotter à la surface du bocal : comment l'annoncer à l'enfant ? Faire comme si ce n'était rien (« c'est la vie ! »), repousser à plus tard l'information (mais quand trouvera-t-on le « bon » moment ?) ou déguiser la vérité sont des manières de se protéger de la douleur de l'enfant.

À l'école, la maîtresse de moyenne section de maternelle arrive un matin et voit que la tourterelle, chérie des enfants, repose, morte, dans la grande cage de la classe. Vite, elle la jette avant l'arrivée des enfants, en prenant soin de bien laisser la porte entrouverte : « J'étais terrorisée à l'idée qu'ils me posent des questions : je n'aurais pas su quoi répondre, j'avais peur aussi qu'ils se mettent à pleurer sans que je sache les rassurer. Quand les enfants sont arrivés, j'ai dit que j'avais mal fermé la cage et qu'elle s'était envolée... Je me suis sentie très lâche, mais je n'ai pas pu faire autrement. »

Les témoignages d'adultes pétrifiés devant la mort à dire à l'enfant sont nombreux. Nombreux aussi sont les témoignages d'enfants effondrés par l'impossibilité des parents de parler de la mort avec eux. De cette incapacité à dire simplement les choses, les parents souffrent, tout comme les enfants. Mais la souffrance de ces derniers a des conséquences sur leur développement.

Rémi, 9 ans, est un « dur ». Il me parle de sa force et de son insensibilité à la souffrance. Rien ne lui fait peur. En revanche, lui fait peur à tout le monde, en classe et chez lui. Un jour, en parlant, il gribouille, sur un papier, une forme qui ressemble vaguement à un chien (il ne dessinait jamais avant cette séance). Je lui dis : « Mais tu me parles de ton chien ! » Il rétorque qu'il n'a pas de chien et ne s'intéresse pas aux « toutous ». Quelques minutes plus tard, il s'effondre brusquement en larmes, et sanglote un long moment sans rien dire. Puis il raconte qu'un jour où il rentrait de la maternelle – il avait 4 ans et demi alors –, sa mère lui a appris que son chien était à l'hôpital, malade. Il a demandé à aller voir le chien, mais elle lui a expliqué que les enfants n'en avaient pas le droit. Pendant plusieurs jours, il a réclamé son chien, en demandant pourquoi il ne revenait pas. Il obtenait toujours la même réponse. Alors, il a cessé de poser des questions. Il sentait que ses parents ne lui disaient pas la vérité, mais il n'osait rien dire et se forçait même à faire semblant de les croire. « Quand j'ai compris que j'avais vraiment perdu mon meilleur ami [son chien], j'ai compris que j'étais seul au monde parce que mes parents ne me disaient rien. Depuis, je n'aime plus personne. »

Cet enfant ne pouvait plus prendre le risque d'aimer tant la disparition de son chien lui avait été insupportable : non seulement il avait perdu un « ami », mais quelque chose s'était brisé dans sa relation avec sa mère parce que celle-ci ne devinait pas le drame qu'il vivait intérieurement. Sans doute a-t-elle pensé qu'elle avait eu raison de « protéger » son enfant en ne lui parlant pas de la mort du chien, puisqu'il n'avait pas manifesté son désarroi et avait même feint de la croire. Là encore, on voit deux mondes, deux univers, qui ne se rencontrent plus. On voit aussi que, si la mère ne s'aperçoit de rien, l'enfant, lui, comprend. C'est à partir de scènes de ce genre que l'enfant peut se retirer de la communication avec les adultes et particulièrement avec ses parents. On songe à Rimbaud :

Et la mère, fermant le livre du devoir,
S'en allait satisfaite et très fière, sans voir,
Dans les yeux bleus et sous le front plein d'éminences,
L'âme de son enfant livrée aux répugnances[1].

1. Arthur Rimbaud, « Les poètes de sept ans », *Poésies.*

Je rencontre tous les jours des exemples de ce type avec les enfants ou les adultes qui me consultent. Il me semble important ici de bien comprendre que le silence ou le mensonge du parent est beaucoup plus difficile à supporter que la mort de l'animal. L'effondrement qui s'ensuit, l'enfant ne le dit pas, mais il le montre par son comportement : il régresse, ou ne dort plus, ou s'isole, ou est inattentif en classe. Car, ce à quoi il tient le plus, c'est à la relation symbolique (par la parole) avec ses parents. Si cette relation est menacée par le comportement des parents, l'enfant se dévitalise, recherche davantage le corps-à-corps avec la mère (trop de « câlins » masquent de part et d'autre une absence de communication, de parole), comme s'il cherchait à retrouver la première relation fusionnelle pour survivre.

Ce qui arrive au corps de l'animal est important pour les enfants et, lorsqu'ils ne savent rien et n'osent pas demander, ils peuvent imaginer toutes sortes de réponses plus ou moins morbides. Il peut aussi, au contraire, s'éloigner de ses parents et créer une distance qui n'apparaîtra pas immédiatement. Plus tard, les parents ne comprendront pas pourquoi leur enfant est si éloigné d'eux.

> « Mon chat, quand il est mort, j'étais invité. Quand je suis revenu, je l'ai pas vu. Ce qui m'a fait le plus de tristesse, c'est que je savais pas où ils l'avaient mis. Je pleurais souvent en classe et j'avais honte à cause des filles. Je savais qu'ils l'avaient pas mangé, ce serait un peu dégoûtant. Peut-être ils l'ont mis à la poubelle. J'espère que non. »
>
> François, 6 ans

Dans ce récit, la distance créée entre François et ses parents est très bien exprimée par ce « ils » qui représente les parents sans que ce mot ou ceux de « papa » et « maman » soient prononcés parce qu'ils contiennent trop d'affectivité. *Ils,* ici, ce sont presque des étrangers. François n'a pas pu poser de questions. Pourquoi ? Le silence des parents a souvent valeur d'interdit pour l'enfant, qui le reçoit comme un « tais-toi », sans en comprendre le sens. Mais autour du silence plane l'idée de la faute, qui entraîne un sentiment de culpabilité.

Certaines réponses apportées par l'entourage, devant le désespoir de l'enfant et la crainte de ne pas pouvoir le consoler, ne font qu'aggraver les choses :

> Le chien de Jonathan, 5 ans, est mort pendant qu'il était à l'école. Sa mère lui apprend la nouvelle à son retour. Il pleure, crie. Sa mère est « débordée » par le chagrin de son enfant. Elle-même est meurtrie par la mort de son père dont elle n'arrive pas à faire le deuil depuis six ans. Le désespoir de Jonathan résonne avec son propre désespoir. Elle donne des bonbons à l'enfant qui les jette. Alors, à bout d'arguments, elle lui dit : « Si tu arrêtes de pleurer, il reviendra. » L'effet est immédiat, l'enfant se calme. Lorsqu'il vient me voir, c'est la première chose qu'il me demande : « Est-ce qu'un chien mort peut revenir ? » S'il me pose la question, c'est qu'il connaît la réponse, et surtout qu'il veut l'entendre.

Lorsqu'il s'agit de la mort d'un animal, être auprès de l'enfant, l'entourer, partager sa peine, dans un premier temps, permet de lui faire comprendre, un peu plus tard, que l'animal n'est qu'un animal, et qu'il trouvera avec un autre animal beaucoup de plaisir aussi.

Car seul l'humain est unique. À la différence des autres espèces, il est le fruit non pas de l'instinct de reproduction, mais de l'amour et/ou du désir d'un homme et d'une femme. Il arrive au monde de manière particulière dans une histoire particulière commencée longtemps avant lui, qu'il va contribuer à renouveler et qu'il transmettra à son tour, grâce au langage. Cela, il faut le lui dire, quand il sera prêt à avoir un nouvel animal. Bien sûr, comme un doudou neuf n'aura jamais ni l'odeur ni la couleur du vieux doudou usé tant il a été traîné partout et suçoté, le nouveau chien ne viendra pas exactement à la même place – pour l'enfant en tout cas – que l'ancien. Et pourtant, il le remplace. L'enfant sera rassuré d'apprendre que lui, en tant qu'humain, est unique : il ne remplace personne et ne sera remplacé par personne. En cela, l'homme se différencie de toutes les autres espèces.

4

La mort d'un proche

« Personne ne m'a rien dit ! »

Combien de fois ai-je entendu un patient, enfant ou adulte, me dire en pleurant : « Personne ne m'a rien dit » et « J'ai compris qu'il (elle) était mort(e), et j'ai compris aussi que je ne devais pas poser de questions » !

> « Pourquoi personne ne m'a dit "ton papa est mort" quand j'avais 4 ans ? Ils étaient tous trop pris dans leurs problèmes, personne n'a pensé à moi. J'essayais de deviner, à partir de bribes de phrases que j'entendais. J'étais perdue. Personne ne le voyait, je me forçais à être comme d'habitude. »
>
> Madame B., 36 ans

Le silence vient alors redoubler le sentiment violent d'abandon que vit l'enfant : une personne qu'il aimait, dont il était aimé, est morte et on ne lui parle pas de cet événement capital et si douloureux. Pourquoi l'exclure au moment même où il a le plus besoin de rester lié aux vivants par la parole et le partage des émotions ? Lorsqu'un enfant perd une personne aimée – surtout s'il s'agit d'un parent –, il sent peser une menace sur ceux qui restent et il craint de les perdre aussi. Des sentiments de détresse, d'abandon, de culpabilité, d'insécurité l'envahissent et le mettent dans un état de solitude insupportable. Alors que pour un petit chagrin ou un bobo ses parents l'entouraient, le consolaient, le soignaient, les voilà qui restent silencieux dans un moment pareil !

Cette mort fait partie de l'histoire de l'enfant

Avec la mort d'un membre de la famille, l'enfant va se trouver brusquement dans un univers où il n'est pas le seul à pleurer. Pour lui, dans la vie de tous les jours, les enfants pleurent, les adultes non. En tout cas, pas tous ensemble. Autour de la mort, il y a beaucoup de larmes, des mouchoirs, une étrange douceur, on parle à voix basse, l'enfant ne comprend pas tout. Ce qu'il sait, c'est qu'il s'agit de quelque chose d'important et de triste.

L'enfant fait partie de la famille et, quel que soit son âge, la mort d'un proche le concerne. C'est son histoire à lui aussi qui se joue là. L'enfant n'est pas un adulte incomplet ! C'est un être entier qui se sent grandi et reconnu quand on lui donne sa place entière de sujet et d'enfant. Le protéger, c'est lui parler, avec tact et délicatesse bien sûr, mais c'est surtout l'écouter et être persuadé qu'il a quelque chose à dire. Ce qu'il a à dire n'est pas seulement « trop chou », « trop drôle » ou « trop mignon », c'est aussi très sérieux. C'est dérangeant, ce n'est pas ce qu'on attend et, souvent, on ne sait pas quoi répondre... Il est vrai que, au moment de la mort, à la douleur de chacun s'ajoute la préparation de l'enterrement : rédaction de faire-parts, annonce à la famille, organisation de la cérémonie, accueil des amis et parents, etc. Il ne reste plus beaucoup de temps pour s'occuper d'un petit enfant. Pourtant, il est important qu'il ne soit pas éloigné chez une tante ou une grand-mère : il demande seulement à être là, avec les autres enfants plus grands et les grandes personnes. C'est l'occasion pour lui d'entendre plus que ce qui lui est directement adressé, et de poser des questions sur ce qu'il comprend. Dans ces réunions familiales où les échanges affectifs sont intenses, il y a toujours quelqu'un qui est là pour répondre, consoler, expliquer, écouter. L'enfant a bien le sentiment qu'il fait partie de cette famille élargie. Des psychologues ont remarqué la gravité et le sérieux des jeunes enfants (dès 2 ans et demi) lorsqu'ils sentent leur entourage dans le malheur et qu'ils ont leur place parmi eux. Dans une enquête sur les catastrophes naturelles, des chercheurs ont montré que les enfants restés sur place avec leur famille ont mieux réagi à la mort de leurs parents, frères, sœurs ou amis, et à la perte de tout ce qui faisait leur vie quotidienne que ceux qui avaient été éloignés pendant les recherches des survivants et les travaux de reconstruction. Cette étude montre bien l'importance pour un enfant de partager avec ceux qu'il aime les moments, même difficiles, qui font son histoire à lui en même temps que la leur.

Loin d'être en trop, les enfants nous obligent à entendre les vraies questions (« Est-ce que tu l'aimais ? », « Où il est maintenant ? », « Est-ce que je vais mourir aussi ? », etc.). En même temps, parce qu'ils représentent la vie, le futur, ils apportent de l'espoir à tous.

Toutes les morts sont particulières et vécues différemment par chacun. Cependant, la perte est très différente, lors de la mort d'un proche, selon la place qu'il occupait par rapport à l'enfant : grand-parent, père ou mère, frère ou sœur... J'évoquerai successivement chaque cas, car l'écoute de l'enfant et les réponses que l'on peut tenter de lui apporter impliquent que l'on ait présent à l'esprit les problèmes particuliers que lui pose tel ou tel type de deuil.

La mort d'un grand-parent ou d'un arrière-grand-parent

C'est souvent, pour l'enfant, la première rencontre avec la mort d'un être humain. Lorsqu'il n'a pas une relation privilégiée avec le grand-parent disparu (s'il n'a pas été gardé par lui, s'il n'a pas une grande complicité avec lui, s'il habite loin, etc.), ce qui va le mobiliser principalement, c'est le chagrin du parent endeuillé. Son père (ou sa mère) va être un moment entièrement occupé(e) par le deuil qu'il (elle) est en train de vivre. Alors que la mobilisation d'un parent pour un frère ou une sœur (malade, nouveau-né, etc.) provoque une situation de rivalité chez l'enfant, avec tout ce qui s'ensuit de manifestations dites de « jalousie », ici, l'enfant va, au contraire, protéger son parent, l'aider, le consoler. Parce qu'il comprend très bien la douleur et sa cause, ses manifestations de tendresse et de protection sont à la mesure de ce qu'il attend de chaleur et de consolation lorsqu'il est personnellement affecté par la perte.

Lui-même est triste de la mort du grand-parent, bien sûr, mais il est tellement curieux de tout ce qui se passe autour de ce décès, que son chagrin n'est pas toujours perçu par les adultes. Cette mort ne lui paraît pas choquante parce qu'elle est dans l'ordre des choses : les personnes âgées meurent, c'est triste, mais c'est acceptable. Et dès qu'il peut parler, il exprime clairement cette donnée « naturelle ».

> Le jour de la mort de son arrière-grand-mère, Sylvie, qui n'a pas encore 3 ans, dans les bras de sa grand-mère, lui dit : « Après c'est toi qui seras morte, après c'est maman et après je serai seule au monde. »

Sylvie dit cela *sans aucune angoisse* : c'est chacun son tour, dans l'ordre des générations. Même le « je serai seule au monde » ne contient pas d'inquiétude. C'est presque une façon, pour elle, de consoler sa grand-mère : un jour, elle aussi sera seule ! Cet ordre des choses est tellement naturel pour les enfants qu'ils associent presque toujours vieillesse et mort. Quand on leur parle d'une personne âgée, ils disent très facilement : « Si elle est vieille, alors elle va bientôt mourir. » Et ainsi, ce n'est « pas grave » :

> « Si on meurt avec les cheveux blancs, c'est pas grave, c'est normal, parce qu'on doit tous mourir, mais si c'est avec une balle dans le cœur ou un accident, ça c'est grave. »
>
> Philippe, 6 ans

> « Un jour tellement qu'on est vieux, ils s'endorment pour toujours, ils meurent par l'âge. »
>
> Kevin, 4 ans

Mais la connaissance précoce que la mort est liée à la vieillesse peut faire craindre à l'enfant de grandir.

> « Moi je veux rester un bébé, comme ça je vieillirai pas et je vais pas mourir. »
>
> Arnaud, 5 ans

J'ai recueilli ces paroles d'enfants, en séance, alors qu'ils dessinaient, jouaient avec des petits animaux ou des personnages, utilisaient de la pâte à modeler : l'importance de la référence à la mort dans leurs commentaires et leurs jeux montre à quel point ce sujet occupe leur pensée.

Lorsque l'enfant est très lié au grand-parent qui vient de mourir, sa peine s'exprime si l'entourage lui donne la place pour le faire. Mais, en même temps, il est agité par toutes les questions qui se posent à lui à partir de ce qu'il entend.

Julien, 6 ans, était très attaché à sa grand-mère. Il allait chez elle tous les jours et, quand celle-ci fut malade, dans les derniers mois de sa vie, il lui manifesta beaucoup d'attentions délicates. Le jour de l'enterrement, il était profondément perturbé parce que, lui avait-on dit, elle devait « aller au ciel » : il n'arrivait pas à comprendre comment elle pourrait « sortir d'une boîte si bien fermée », alors qu'elle ne pouvait plus bouger...

En écoutant l'enfant, en le laissant s'étonner, en essayant de le comprendre, on lui permet à la fois de poser ses questions sur la mort, d'exprimer sa peine et de la faire partager.

La mort d'un grand-parent, c'est la mort d'un parent du parent. Parce qu'il y a dans la vie des moments où l'on se sent plus fragile qu'à d'autres, cette perte peut ressembler pour l'adulte à un abandon : son père (sa mère) lui fait défaut, alors qu'il (elle) a besoin de lui (ou d'elle). Le deuil est alors plus difficile à faire et la relation du parent endeuillé à son enfant peut en être perturbée. Face à une mère « déprimée », l'enfant jeune pense immédiatement qu'il est responsable, parce qu'il croit qu'il doit combler sa mère : si elle n'est pas heureuse, si elle est triste, c'est parce qu'il n'est pas « un bon enfant ». Et lorsque c'est le père qui s'effondre, le couple maman-bébé se replie sur lui-même et re-fusionne. Symboliquement, le père est celui qui sépare l'enfant de la mère : il permet à l'enfant de désirer quelqu'un d'autre que la mère et de vivre, et à celle-ci d'être femme et de désirer, elle aussi, ailleurs. Mais cette place du père s'accommode mal d'un père déprimé dans la réalité.

Dans un couple, l'homme va entourer la femme en deuil, et la femme être auprès de l'homme en deuil, et, à eux deux, ils pourront dire à l'enfant ce qui les rend tristes : « Ce n'est pas à cause de toi que je suis triste. Mon père (ou ma mère) me manque tant » ou « Quand tu me vois dans mon chagrin, ce n'est pas du tout à cause de toi. C'est mon père (ou ma mère) qui me manque », etc. Si le parent peut lui raconter des souvenirs qu'il garde de son parent qui vient de mourir et qui remontent à sa propre enfance, il partagera avec lui un moment d'émotions. Les enfants aiment entendre ces histoires qui unissent les générations et, dans ce temps de deuil, elles prennent encore plus de sens.

On peut parler ainsi même à un bébé de 3 mois. Je dirais même *surtout* à un bébé de 3 mois ! Que comprend-il de cela ? Que la mère, dans son retrait dû au deuil, dans son désintérêt pour ce qui l'entoure, maintient par la parole son lien avec lui, lui donne des mots au sujet de ce qui se passe : c'est cela le plus important. Le deuil de la mère ou du père d'une femme enceinte est souvent insupportable pour la future maman : comme si le fait de donner la vie s'associait à la mort de la génération précédente. Les difficiles élaborations de la crise œdipienne se réactualisent : la future mère ressent à la fois un immense amour et une immense haine, le plus souvent inconsciente, pour son parent qui la « laisse tomber » au moment où elle va lui donner cet enfant qu'elle attend (le donner à son père – c'était son rêve de petite fille – ; le donner à sa mère – pour lui montrer qu'elle a su, elle aussi, être une femme et une mère). Il (elle) ne verra pas son enfant, ne recevra pas son don. La future mère est entièrement prise dans cette ambivalence et se retrouve comme la petite fille qu'elle était, au moment même où un bébé en elle la réclame comme adulte, comme mère. Cette situation est douloureuse : la mère se reproche « d'oublier » l'enfant qu'elle porte en elle, ou même de lui en « vouloir » d'arriver à ce moment-là, comme elle reproche au disparu d'être mort tandis qu'elle attend un enfant.

Le fait de parler à son bébé, alors qu'il est encore dans son ventre, fait souvent sourire. Pourtant, les mères le font assez spontanément et depuis toujours... Lorsque la future mère est bouleversée par un deuil, elle peut en parler à son bébé en le touchant à travers son ventre. Cela permet à chacun de bien rester à sa place : le bébé est le bébé ; il n'est pas là pour consoler la mère, ni pour remplacer le grand-père ou la grand-mère qui vient de mourir. La maman est la maman et... la place du père du bébé est toujours capitale !

Ici, c'est lui qui va entourer et aider sa femme dans son chagrin et expliquer aussi tout cela au bébé dans le ventre : il est là, il peut contenir ces souffrances. Lorsque la mère est seule – et nous voyons de plus en plus de situations où la mère attend ou élève seule son enfant –, l'absence de protection, d'enveloppe entourant cette future mère en deuil et ce bébé, qui risque de perdre de sa vitalité, accentue la difficulté. L'entourage familial et amical, s'il est attentif, est à ce moment-là d'un grand secours.

Dans toutes les situations de grandes souffrances, qu'il s'agisse de deuils, de difficultés importantes (maladie grave d'un enfant, par exemple), les familles monoparentales sont particulièrement démunies et fragilisées si l'entourage affectif est faible. Du côté « femmes », les « copines » sont souvent présentes. Du côté « hommes », c'est peut-être plus difficile, car parler de soi est, dans notre société, un droit encore peu reconnu aux hommes. Pour parler aux enfants, ils sont peut-être plus déconcertés aussi, parce que le langage, pour eux, est souvent encore considéré comme un moyen de communiquer une *information* plutôt qu'un moyen de communiquer des émotions.

Lorsque ces situations deviennent trop difficiles, il y a des lieux pour les parents et leurs très jeunes enfants (jusqu'à 3 ans) : Françoise Dolto a créé « La Maison Verte » à Paris, et beaucoup de lieux fonctionnant sur le même principe ont vu le jour dans toute la France [1] ainsi qu'à l'étranger. À la Maison Verte, les enfants peuvent, dès leur naissance, passer un moment, accompagnés de la personne qui en a la garde (père, mère, grands-parents, nourrice, etc.) : c'est un lieu intermédiaire entre la maison et la crèche (ou l'école maternelle) en ce sens que l'enfant peut aller vers d'autres enfants ou vers des adultes inconnus, mais en présence de la personne qu'il connaît et qui le rassure. Ainsi, il peut s'aventurer vers les plaisirs et les dangers que lui procurent les autres, sans perdre son identité ni menacer sa sécurité interne. Des psychologues et des psychanalystes sont sur place, disponibles pour tous. Lorsqu'ils ont fait leurs premières expériences sociales en pré-

---

1. La Maison Verte, 13, rue Meilhac, 75015 Paris. Tél. : 01 43 06 02 82.

sence de la personne qu'ils connaissent (qui doit obligatoirement rester avec l'enfant tout le temps qu'il passe à la Maison Verte : même pour aller mettre 5 francs dans le parcmètre, elle doit sortir avec lui pour ne pas le laisser seul), ces bébés ou petits enfants s'intègrent très facilement à la crèche ou à la maternelle. La séparation entre la maison (lieu affectif privilégié) et la crèche (lieu social) a été médiatisée par ces petits moments passés à la Maison Verte, où circule une parole authentique. Ces lieux, ouverts à tous les enfants, sont gratuits.

La mort d'un parent

Tout enfant craint par-dessus tout de perdre l'amour de ses parents. Cette angoisse se manifeste dans la peur d'être abandonné ou d'être orphelin. Ces terreurs de l'enfant s'expliquent à la fois par sa totale dépendance, par son attachement affectif unique, primordial, et par son anxiété à l'égard de la punition dont il pourrait être l'objet à cause de ses actes et de ses pensées.

La mort d'un parent est donc ressentie par un enfant comme ce qui peut lui arriver de pire. Son monde s'effondre et lui s'effondre avec. Il perd ce qu'il a de plus cher et de plus nécessaire à sa vie. Il perd ce qui le protège contre toutes sortes de dangers et se trouve par conséquent dans une grande insécurité. Mais il perd aussi le support des images parentales indispensables à son développement. En effet, l'enfant ne peut se construire sans identification : il construit son identité en empruntant des traits à ses parents qui lui servent de modèles. La mort du père ou de la mère du petit enfant n'est donc pas seulement la perte de l'être le plus aimé et le plus aimant, c'est aussi la perte de celui ou celle qui supporte ses identifications fondamentales. Comment le petit garçon va-t-il pouvoir s'identifier à un homme, un père, sans son père ? La petite fille à une femme, une mère, sans sa mère ? Le parent survivant a un rôle irremplaçable à jouer, parce que c'est ce qu'il dira du disparu, ce qu'il transmettra de son amour, de son admiration, etc., qui maintiendra la présence de l'absent (c'est le rôle fondamental du langage de nommer ce qui n'est pas là). L'enfant pourra de la sorte se construire à partir de ce modèle de père ou de mère absent, mais aimé et parlé par celui qui reste.

Il perd un parent, il perd un support identificatoire et il perd également les survivants, c'est-à-dire son entourage familial « d'avant » qui est transformé par le deuil. En effet, lorsqu'un parent disparaît, d'une certaine manière, l'enfant perd aussi son autre parent « d'avant » : le père veuf (ou la mère veuve) n'a plus le même visage, la même gaieté, le même comportement qu'avant. L'enfant va alors mobiliser toutes ses forces de vie pour « protéger » celui qui reste. Il le fait parce qu'il craint par-dessus tout de le perdre, lui aussi. Il veut le garder et le garder en bonne santé et psychologiquement fort. Le voir effondré lui donne une place à occuper : celle de consolateur. En effet, l'enfant apporte beaucoup de douceur au parent en deuil. Mais il faut savoir aussi respecter la place de chacun et savoir laisser à l'enfant sa place d'enfant : c'est lui qui doit être entouré, protégé, écouté en priorité. Ce qui consolera chacun, c'est la justesse de la relation et la qualité de la communication, dans le respect des places respectives de parent et d'enfant. Souvent, l'entourage familial suggère à l'enfant de jouer ce rôle de protecteur, en lui demandant d'être « fort pour aider maman » ou d'être « gentil pour ne pas lui faire de chagrin ».

> « J'ai demandé : "Pourquoi papa est mort ?" et on m'a dit : "Tais-toi, tu vas faire de la peine à ta maman." Alors j'ai plus jamais rien dit et je sais rien. »
>
> Michaël, 7 ans

Toutes les occasions sont bonnes pour faire taire les enfants. Ici, c'est « pour protéger les parents ». Non ! L'enfant n'est pas là pour protéger les adultes, ce n'est pas son rôle.

Lorsque l'enfant est encore un bébé, lui dire la mort, lui parler de ce qui met le parent survivant dans un tel chagrin lui permet d'être associé à la peine de la famille, et d'être rassuré par les paroles tendres qui lui font entendre qu'il n'est pas la cause de la peine du parent, c'est-à-dire que ses pulsions agressives n'ont pas détruit son entourage. Le bébé qui brusquement ne voit plus sa mère doit entendre parler d'elle et de sa mort, et avoir auprès de lui l'odeur de sa maman disparue : un mouchoir, un foulard, un tee-shirt, n'importe quel objet « mamaïsé », comme disait Françoise Dolto, c'est-à-dire ayant appartenu à la maman et ayant encore son odeur. Entouré de paroles et d'objets à son odeur, le bébé supportera mieux ce qui arrive. On croit souvent qu'il vaut mieux attendre que l'enfant ait grandi pour lui dire une aussi triste réalité, on suppose qu'« il ne peut pas comprendre, il est si petit ». On se trompe ! Il n'y a absolument aucune bonne raison pour ne pas dire à un bébé la mort d'un parent, pour repousser l'information à plus tard : un plus tard qui ne viendra jamais car... lorsqu'il aura 3 ans, chacun pensera qu'il le sait sans que personne ne le lui ait jamais dit. Il est d'ailleurs beaucoup plus facile de le dire à un enfant de 3 mois qu'à un enfant de 3 ans. S'il a 3 mois quand arrive ce malheur, c'est à 3 mois qu'il doit l'apprendre.

Les réactions de l'enfant seront différentes suivant son âge. Pendant toute la période du complexe d'Œdipe, l'ambivalence des sentiments de l'enfant pour le parent du même sexe est telle que la disparition de celui-ci bouleverse son univers de fond en comble. Il croit encore sa pensée si puissante qu'il craint d'avoir tué son parent décédé parce qu'il a souhaité cette mort avant qu'elle n'arrive. Il en a tellement honte qu'il ne peut le dire de lui-même, d'autant que ses sentiments sont très mélangés, parfois complètement inconscients, et que tout est assez confus pour lui. Il aime et déteste à la fois, et il a peur de lui-même. L'aider, c'est aussi le rassurer : son père (ou sa mère) est mort(e) d'un cancer, d'un infarctus ou d'un accident, mais certainement pas à cause de lui.

Pour la mort d'un parent ou d'un membre de la fratrie, comme il ne s'agit pas de mort « par l'âge », comme dit Kevin, les circonstances de cette mort sont évidemment d'une grande importance. Le choc est d'autant plus violent que la mort est brutale et que les représentations qui l'accompagnent sont insupportables (la mort causée par un infarctus est plus « acceptable » que celle causée par un accident de voiture, qui laisse souvent le corps endommagé, ou par un meurtre, le corps ayant été agressé par un autre humain). Si l'on dit à un enfant que quelque chose de « très grave » est arrivé à un de ses parents, l'expression « très grave » est très bien entendue et le prépare à l'annonce de la vérité. Dire la mort ne signifie pas qu'il ne faut pas prendre le temps nécessaire pour doucement amener l'enfant à comprendre. Il ne s'agit pas non plus de « tout dire » sur les circonstances si elles sont tragiques, mais simplement que ce qui est dit soit vrai.

Une maladie donne un peu de temps pour se préparer à la séparation. Mais d'autres facteurs rendent complexes les émotions ressenties par l'entourage (adultes et enfants) : la famille peut s'épuiser dans des soins, des espoirs de guérison chaque fois déçus, une attention trop lourde. Par moments, chacun souhaite, dans un éclair, être soulagé, que cela finisse... Lorsque la mort survient, la culpabilité engendrée par ces souhaits est très violente.

Devant un parent malade, un frère ou une sœur mourant(e), l'enfant peut se sentir abandonné, lui en vouloir et, pour montrer qu'il existe, être plus bruyant, plus agité qu'il ne faudrait. Il peut se croire responsable de la mort, parce qu'il aura fatigué son parent par son comportement et aggravé sa maladie, surtout s'il a entendu dire souvent : « Ne fatigue pas ta maman », « Ne dérange pas ton frère (ta sœur) », « Laisse ton papa tranquille ». Comment peut-il vouloir laisser sa maman (son papa, son frère...) tranquille quand il perçoit (à travers ce qu'il entend des conversations à la maison) ou sait (si on lui a parlé de la gravité de la maladie) qu'elle (il) va bientôt disparaître pour toujours ? Là encore, il faut lui dire qu'il n'est pour rien dans sa mort et que, au contraire, il a contribué à donner de la vie et de la joie à sa maman (à son père, etc.) en étant vivant auprès d'elle (de lui) jusqu'à la fin.

La mort de la mère

La mort la plus insupportable est celle de la personne la plus aimée, celle qui est irremplaçable pour l'enfant : sa mère. Comment supporter l'insupportable ? Le film de Jacques Doillon, *Ponette*, a soulevé de nombreuses polémiques : une petite fille de 4 ans perd sa mère dans un accident de voiture et ne l'accepte pas. Elle crie sa douleur, et ce que le spectateur entend, c'est cette immense solitude de l'enfant : qui peut, en effet, partager ce désespoir ? Comment aider l'enfant ? Pour Ponette, accepter, ce serait renoncer, et renoncer à ce qui est le plus cher et le plus vivifiant pour elle, c'est comme mourir. Des spectateurs qui avaient eux-mêmes perdu leur mère autour de cet âge se sont « reconnus » en Ponette. Ils ont manifesté une grande reconnaissance au réalisateur pour avoir su dire ce qu'ils avaient vécu sans jamais avoir pu l'exprimer. D'autres, qui n'avaient pas vécu cette expérience, n'ont pas supporté ce désespoir d'enfant, peut-être parce que ce thème faisait revivre en eux des angoisses de leur petite enfance qui étaient d'une telle violence que leur réaction était de fuir.

Oui, l'enfant dont la mère meurt fait peur car, au fond, il ne veut pas être consolé. Il résiste à toute approche. Dans le film, Ponette dit à son cousin que si on aime vraiment quelqu'un qui vient de mourir, si on l'attend vraiment, il reviendra. Pour elle, accepter la mort, c'est reconnaître qu'on n'aimait pas vraiment. Or, l'enfant aime sa maman plus que tout au monde et le monde sans elle est vide. À son amour pour elle, il ne veut pas renoncer. Il ne peut pas penser non plus que sa mère est morte parce qu'elle ne l'aimait pas. Pourtant, il ne comprend pas : si elle l'avait aimé, l'aurait-elle laissé seul ? C'est autour de cet amour qu'une parole peut être dite : « Elle t'aimait tant », « Elle aimerait être avec toi ici », et plus tard « Ta maman serait contente de te voir comme ça », etc.

La mort de la mère est la perte autour de laquelle les mots manquent le plus. Le père est lui-même effondré : être ensemble, pleurer ensemble, dire simplement à l'enfant qu'elle manque à chacun (de façon différente : comme femme pour le mari, comme mère pour l'enfant) laissera à l'enfant un espace pour *sa* parole. Mais l'excès de parole peut être aussi intrusif et insupportable que le silence. Il s'agit d'être *avec* l'enfant, ouvert et accueillant à ses dires, les entendre même si on ne les comprend pas ou s'ils paraissent complètement imaginaires. Ponette dit : « Cette nuit maman est venue me voir. » Il faut respecter ce temps où chacun se protège d'une vérité trop difficile à supporter. L'enfant le fait comme l'adulte. On peut lui dire : « Oui, moi aussi j'aimerais qu'elle vienne encore nous voir ! » Si l'enfant insiste : « Mais elle est venue ! », pourquoi lui refuser ce rêve ? Il a bien le droit de rêver ! Il faut seulement veiller à ce que cette tendance à se réfugier dans l'imaginaire s'atténue peu à peu chez lui, comme elle s'atténue chez l'adulte en deuil, pour disparaître avec l'acceptation de la réalité. Et celle-ci ne se fera que si l'enfant est entouré, si son monde intérieur est contenu et sécurisé, malgré le chaos qu'il ressent, par une présence accueillante, une reconnaissance de sa douleur et une attention particulière à préserver une réelle communication entre lui et l'adulte, bien au-delà des premiers jours, des premières semaines après la mort.

La mort de la mère à la naissance de l'enfant

Il arrive encore, malheureusement, qu'une mère meure au cours d'un accouchement ou immédiatement après. Le bébé est alors privé brusquement, définitivement, de ce premier lien, unique. Il ne s'agit pas seulement d'un lien « biologique » : le bébé était dans le corps de sa mère, mais un corps habité de pensées, d'émotions, de rêves et d'histoire. Ce traumatisme considérable se double de celui d'arriver dans un monde en deuil de sa mère. Le bébé, déjà blessé dans sa relation vivante avec elle, représente pour l'entourage à la fois lui-même et celle qui est morte en le mettant au monde. Sa naissance est liée à la mort de sa mère : le sentiment de culpabilité est immense pour l'enfant.

Jean-Jacques Rousseau, au début des *Confessions*, relate admirablement toute la complexité des sentiments d'un enfant et de son entourage dans ce cas :

> « Je fus le triste fruit de ce retour. Dix mois après, je naquis infirme et malade ; je coûtai la vie à ma mère, et ma naissance fut le premier de mes malheurs. Je n'ai pas su comment mon père supporta cette perte ; mais je sais qu'il ne s'en consola jamais. Il croyait la revoir en moi, sans pouvoir oublier que je la lui avais ôtée ; jamais il ne m'embrassa que je ne sentisse à ses soupirs, à ses convulsives étreintes, qu'un regret amer se mêlait à ses caresses ; elles n'en étaient que plus tendres. Quand il me disait : Jean-Jacques, parlons de ta mère, je lui disais : hé bien, mon père, nous allons donc pleurer ; et ce mot seul lui tirait déjà des larmes. Ah ! disait-il en gémissant, rends-la-moi, console-moi d'elle ; remplis le vide qu'elle a laissé dans mon âme. T'aimerais-je ainsi si tu n'étais que mon fils [1] ? »

Voilà un père qui parle à son enfant de sa mère, et qui pleure avec lui, vraisemblablement longtemps après la mort de celle-ci. Si l'on en juge par ce dialogue, le père de Jean-Jacques Rousseau n'a pas accepté cette perte. Et l'enfant ? Ce qui nous est rapporté, ce sont les paroles culpabilisantes du père

1. Jean-Jacques Rousseau, *Les confessions*, livre premier, Paris, Gallimard, La Pléiade, 1959.

au fils : « Rends-la-moi » (ce qui veut dire : « Tu me l'as prise ») et la confusion que le père fait entre sa femme et son fils. Ce texte insiste sur ce double aspect (culpabilité et indifférenciation femme/fils de la part du père) : le père la revoit en lui sans oublier que le fils la lui a « ôtée », il exprime du regret en même temps qu'il donne des marques d'affection à son fils, et il a pour celui-ci un amour qui s'adresse à la fois à son enfant et à sa femme. Enfin, le père demande au fils de remplir « le vide laissé dans son âme », et donc d'occuper la place de sa femme. Comment l'enfant peut-il s'y retrouver dans cette situation ? Quelle identité peut-il développer ? Comment être à la fois la femme et le fils ?

On ne peut s'empêcher de faire le lien entre, d'une part, ce traumatisme précoce (la perte de sa mère et la confusion des places femme/fils dans le regard de son père) et, d'autre part, le fait que Jean-Jacques Rousseau, adulte, aura du mal à se situer comme homme (il appelle « maman » la femme qu'il aime, Mme de Warens, et écrit : « Je me vis pour la première fois dans les bras d'une femme, et d'une femme que j'adorais. Fus-je heureux ? Non, je goûtai le plaisir. Je ne sais quelle invincible tristesse en empoisonnait le charme. J'étais comme si j'avais commis un inceste »). Il ne pourra pas occuper la position de père et se trouvera dans cette situation paradoxale : il écrira le plus célèbre des traités pédagogiques, *Émile ou De l'éducation*, en commençant par demander aux mères de nourrir elles-mêmes leur nourrisson (donc de ne pas se séparer de leur bébé à la naissance comme lui l'a été, par la mort de la sienne...) et, en même temps, il abandonnera successivement ses cinq enfants qu'il ira lui-même déposer aux Enfants Trouvés, malgré les supplications de leur mère...

Le fait de représenter l'absente, la mère morte, peut conduire l'enfant à être lui-même, d'une certaine manière, mort à la naissance, comme la mère, ou à la remplacer auprès du père (situation incestueuse inconsciente) pour réparer sa « faute » d'avoir été la cause de la mort. Les regards autour de lui, pendant toute son enfance, sont à la fois tendres et compatissants (il est orphelin) ; en même temps, ils lui rappellent sans cesse qu'il a « coûté la vie » à sa mère, ce qui est source de culpabilité pour lui. Non seulement il a tout perdu en perdant sa mère, mais encore il en est responsable ! Ce traumatisme précoce demande toute l'attention, l'intelligence affective de l'entourage car le bébé est en grand danger. Si la mère meurt dans les premières semaines de vie du nourrisson, c'est-à-dire avant le sevrage, le bébé est là aussi en danger, car il est comme amputé dans son propre corps, n'ayant pas encore été complètement séparé du corps de la mère par le sevrage. Il est atteint à la fois dans la relation à son corps propre et dans la relation à l'autre primordial, sa mère, dont son rapport au monde dépend.

Les « paroles vraies » qui rassurent l'enfant (il n'est pas responsable), reconnaissent le drame qu'il vit (sa mère est morte) et le consolent (par la présence réelle qu'elles impliquent) permettent de renouer le lien symbolique rompu avec la mère, et d'empêcher que l'enfant organise des défenses névrotiques pour se protéger des dangers dont il croit être menacé à cause de sa culpabilité. Sa place d'*enfant vivant* doit lui être dite.

La mort du père

Le père est la personne la plus aimée, après la mère, par le petit enfant. Sa relation au corps de l'enfant est différente de celle entretenue par la mère : son corps n'a pas été l'habitacle dans lequel s'est développé l'embryon puis le fœtus, ni le lieu d'où coulait le lait qui allait permettre au bébé de se nourrir, même si, aujourd'hui, le père est beaucoup plus lié qu'autrefois au bébé par les soins qu'il lui prodigue. Civilement, c'est lui qui donne son nom, qui inscrit l'enfant dans le monde. Dans la société occidentale, il a longtemps fait le lien entre le dedans (la maison) et le dehors (le monde du travail), comme cela continue à être le cas dans de nombreux pays. Cette dimension a disparu chez nous avec le développement du travail des femmes dans tous les secteurs et leur accès à toutes les positions hiérarchiques. Le fait que la femme puisse choisir d'avoir ou non un enfant et qu'elle travaille comme l'homme à l'extérieur a provoqué un mal-être chez les pères dont la place n'est plus clairement établie. Le partage des tâches domestiques et des soins à donner aux enfants a aggravé le flou sur leur position de père. Mais les pères ne sont pas des mères bis. Ils ont leur spécificité qui est d'abord de séparer l'enfant de sa mère, non pas en offrant un nouveau lien possible de « fusion » (pèreenfant), mais un lien tiers, symbolique. C'est de cette place tierce que s'énonce la loi à laquelle s'articule le désir.

Dans le cas des couples mariés, l'enfant porte automatiquement le nom du père. Pour les couples non mariés, la question du nom se pose avec la reconnaissance paternelle. Pour certaines mères, il est difficile d'accepter que le père donne son nom, principalement parce qu'il pourrait alors la séparer de son enfant s'il la quittait.

> Mme F. a trois enfants et a tenu à ce qu'ils portent tous les trois son nom à elle. « Si mon ami me quitte, je ne veux pas qu'il emmène les enfants. Les enfants sont à moi et doivent rester à moi. C'est pour ça que je veux qu'ils portent mon nom à moi. »

Chez cette maman, le père n'a aucune fonction, aucune place, puisqu'il est pensé comme « parti » dès le départ, en quelque sorte nié et sans aucun lien de quelque ordre que ce soit avec l'enfant. Elle s'est organisée pour vivre sans lui.

Si le père meurt, lui dont la place symbolique est fondamentale pour le développement harmonieux de l'enfant, comment le dire à ce dernier et comment lui permettre de grandir sans père ? Quel que soit l'âge de l'enfant, il faut lui annoncer cette mort au moment où elle a lieu. C'est sans doute lors du décès d'un parent que le choix des termes employés pour signifier la mort sont les plus importants. Des expressions comme « papa nous a quittés », « papa est parti » ou

« la disparition de papa » sont autant de termes que l'enfant utilisera pour *ne pas savoir* et alimenter son refus d'accepter. Il peut s'accrocher à ces mots pour refuser la réalité, au point que la vie entière se recouvre d'un voile et que lui-même « disparaît » aussi, psychiquement.

> Le père de Mme L. meurt quand elle a 6 ans. Elle est fille unique. Sa mère lui dit que son père « est parti au ciel » et elle l'envoie chez une tante quelques jours. Mme L. n'assiste donc pas à l'enterrement. Elle se doute de quelque chose et tente d'en savoir plus quand elle voit oncles et cousins partir en habits noirs de chez sa tante (pour l'enterrement). Elle leur demande où ils vont et s'ils peuvent l'emmener. Ils lui disent qu'ils partent « à la foire » et que ce n'est pas un endroit pour les enfants.

Pendant trois ans, la petite fille va attendre le retour de son père, en se cramponnant au mot « parti » pour justifier cette attente. Ce n'est que trois ans plus tard, un matin, en se réveillant, qu'elle se dit tout à coup : « Mais que je suis bête ! Il est mort ! » De ces trois années, il ne reste à cette femme aucun souvenir, aucune image : seulement l'attente du retour du père. Et un indice lui permettant de savoir qu'elle savait : elle ne supportait pas d'entendre l'expression « plus jamais ». Ce matin-là, en reconnaissant brusquement que son père était mort, elle a ressenti une sorte de soulagement et a éprouvé, dans un premier temps, le sentiment d'avoir été trompée par sa mère. Mais, très vite, elle a repoussé ce reproche, l'excusant, elle

« qui devait être si malheureuse ». Alors elle s'est collée à sa mère, recherchant ce lien fusionnel entre le bébé et sa mère, et il lui a fallu beaucoup de temps, par la suite, pour se défaire de ce lien.

Pourquoi n'a-t-elle pas voulu savoir que son père était mort ? Et pourquoi a-t-elle protégé sa mère au lieu de lui faire des reproches ? Sans doute, la petite fille était-elle en grande rivalité avec cette dernière au moment de la mort du père. Et elle devait avoir un immense amour pour son père. Accepter cette mort, c'était à la fois perdre celui qu'elle aimait par-dessus tout, et vivre avec une mère pour qui ses sentiments étaient tellement ambivalents qu'elle pouvait craindre de n'être plus aimée d'elle.

Différer la rencontre avec cette réalité, la mort d'un père et la difficile relation duelle mère/fille, fut rendu possible par l'emploi du verbe « partir » : un seul mot peut jouer un rôle décisif. Et lorsqu'elle accepta la réalité (trois ans plus tard !), elle fusionna avec sa mère pour n'avoir aucune distance avec elle, pour ne pas avoir à la juger, de peur alors de la perdre elle aussi. Telle est la force des mots, tel est l'usage que peut en faire l'enfant pour se protéger et, d'une certaine manière, cesser presque de vivre.

C'est la mère qui, par ses paroles, maintiendra la place du père dans la maison et empêchera l'enfant de refusionner avec elle ou d'occuper la place du père. Il faut beaucoup de force à une maman bouleversée par la mort du conjoint qu'elle aimait pour se positionner avec justesse face à ses enfants et refuser la consolation qu'ils lui apporteraient en occupant ces places de « petit mari » ou de « bébé qui comble »... Mais, là encore, c'est à chacun d'élaborer un travail de deuil à la place qui est la sienne : la femme comme femme, l'enfant comme enfant. Et c'est seulement si la confusion des places ne s'ajoute pas au chaos provoqué par la perte du père que cette élaboration se fera au mieux.

Bien sûr, l'enfant viendra se blottir dans le lit de sa mère, pour être avec elle, pour la protéger, mais aussi pour s'assurer qu'elle reste bien vivante. Et cette tendresse de l'enfant réconfortera un peu la maman. Mais il faudra qu'elle trouve les mots pour rassurer l'enfant sur sa capacité à vivre, à continuer de l'aimer et à garder la place symbolique du père, en refusant que s'instaure une relation soit fusionnelle soit incestueuse avec elle et en le signifiant. La place du conjoint doit rester vide, en particulier dans le lit du couple : ce n'est pas la place de l'enfant. Elle pourra, plus tard, être occupée par un autre adulte.

La mort d'un parent à la suite d'une longue maladie

Lors d'une longue maladie qui affaiblit et change un parent – le père ou la mère –, l'enfant est très perturbé parce qu'il ne le reconnaît pas. Il ne le retrouve pas comme il était avant et le changement lui fait craindre de perdre lui-même sa propre identité. D'autant que le parent non malade est aussi différent : inquiet, soucieux de son conjoint, son attention vers l'enfant est moindre, il est moins patient à son égard, et l'enfant peut inconsciemment se sentir responsable du changement puisqu'il se sent moins l'objet d'amour et de tendresse. Il peut dans un tel moment devenir difficile, exigeant, colérique, et régresser à un stade antérieur (sur le plan de la propreté, de l'indépendance motrice, du langage). Lorsque le parent malade meurt, il se sent à la fois agressif, impuissant et perdu dans un monde où tout a déjà changé pour lui. Sa maman (son papa) « d'avant », qu'il espérait retrouver, meurt et disparaît définitivement. L'entourage est d'une très grande importance alors : l'enfant a besoin d'être écouté et entouré avec une grande attention, parce que la maladie et la mort de son parent l'ont isolé ; il lui faut aussi être rassuré tant sur l'amour de ceux qui restent que sur l'amour de celui qui vient de mourir.

L'enfant, pendant le temps du deuil, peut, pour maintenir vivant le parent disparu, s'identifier à sa partie malade : il peut avoir les mêmes douleurs que celles du parent pendant sa maladie et ainsi être « comme lui ». Bien souvent, les choses ne sont pas aussi claires et les troubles physiques de l'enfant sont si éloignés de ceux du parent décédé que personne ne fait le rapprochement. Les maux de l'enfant sont soignés, mais se renouvellent. Ces identifications – normales chez les enfants comme chez les adultes – aident à accepter la perte dans un premier temps. Mais, parfois, elles peuvent au contraire empêcher la reconnaissance de la mort et donc le travail du deuil : l'enfant représente le parent juste avant sa mort, dans son corps même, et lui permet de prolonger ainsi la vie du parent disparu. Il est à la place du parent, mort-vivant, hors du temps. Pour sortir de cet enfermement, l'enfant a besoin d'une aide.

Les conséquences économiques de la mort d'un parent

La mort d'un parent ne permet pas toujours à celui qui reste de maintenir la même qualité matérielle de vie. Si celui qui meurt était celui qui gagnait le plus d'argent, par exemple, la baisse du niveau de vie va aggraver la souffrance de l'enfant et ralentir le processus du deuil, parce qu'il aura à faire également le deuil d'un certain mode de vie. En particulier, si la famille doit déménager, il perdra non seulement un parent, mais aussi sa maison, lieu qui symbolise la famille et auquel était liée toute la mémoire de la vie passée et « heureuse » avec les deux parents. Si le changement de domicile entraîne également un changement d'école, l'enfant perdra ces repères et ses « copains », et il ne saura plus sur quoi s'appuyer pour vivre : tout reposera en fait sur la qualité relationnelle entre le parent vivant, l'enfant, la fratrie et l'entourage familial et amical. Si la communication de parole et les échanges affectifs, émotionnels sont positifs et durables, les changements de lieux seront difficiles mais supportables pour l'enfant. Si l'entourage affectif est faible, tous ces bouleversements seront autant de « séparations » supplémentaires à élaborer psychiquement par l'enfant. Bien souvent, autour d'un deuil, les familles sont très entourées par la famille élargie, les amis, les voisins, etc., mais, bien vite, les marques d'affection diminuent et à un temps bref de partage et d'émotion intenses succède, pour les endeuillés, un temps difficile de longue solitude. Ce n'est pas un hasard si les usages traditionnels exigeaient de porter la marque du deuil pendant très longtemps : deux ans pour une veuve, dix-huit mois pour un veuf (!), deux ans pour les parents d'un enfant mort, etc. Aujourd'hui, on associe malheureusement le temps du deuil... à la durée de l'arrêt de travail. Et on entend ce reproche fait à l'encontre d'une personne endeuillée : « Il n'a pas encore fait son deuil ! », un ou deux mois après qu'elle a perdu son conjoint, un enfant, un parent... Ces réactions sont très culpabilisantes et isolent la personne en deuil. Le temps du deuil est long et difficile, l'entourage doit en être conscient.

La mort d'un parent dans les couples séparés

Lorsque les parents se séparent, l'enfant fait un travail psychique difficile qui s'apparente au travail du deuil, puisqu'il doit accepter de ne plus vivre avec ses deux parents ensemble. Longtemps, il espère les réunir, pour garder intérieurement unis l'homme et la femme qui, par leur rencontre, lui ont donné la vie. Cela lui semble nécessaire pour que lui-même ne soit pas « morcelé » et se sente bien « rassemblé », entier et en sécurité. Lorsqu'il est de nouveau intérieurement sécurisé, il accepte bien la séparation.

La mort d'un parent, dans ce contexte, réattaque l'unité du sujet enfant. Qui va faire vivre, par la parole chaleureuse, celui ou celle qui vient de mourir ? Qui saura par la parole redonner « du papa » (ou « de la maman ») ? Si le parent qui reste a pu maintenir un lien positif avec son ancien conjoint de son vivant, en tout cas comme parent de son enfant, il pourra l'aider et maintenir vivante la mémoire du parent mort. Ce n'est pas toujours facile, surtout si chacun « a refait sa vie » de son côté. Qui maintiendra les liens avec les demi-frères ou sœurs ? L'enfant, lui, perdra un parent et également la maison de ce parent (les enfants de parents séparés parlent toujours de leurs « deux maisons »). Comment conserver ces souvenirs précieux du temps où ils étaient ensemble ?

Dans ces cas de séparations, la « branche » de celui ou celle qui est mort(e) ne doit pas se dessécher et s'effacer définitivement dans le silence. Ce parent mort avait peut-être encore des parents ou des frères et sœurs : les grands-parents, les oncles et les tantes deviennent alors les dépositaires de la vie et de la mémoire du parent de l'enfant et pourront, par leurs attitudes et leurs paroles, conserver vivant dans son cœur ce père ou cette mère trop tôt disparu(e). Des amis peuvent aussi permettre à l'enfant de s'exprimer, mais il est évident (et ce n'est pas toujours facile) que grands-parents, oncles, tantes ou amis du côté du parent mort devront toujours parler avec beaucoup de respect du parent qui reste, quels que soient les conflits qui existaient entre lui et le parent décédé, car, plus que tout, l'enfant a besoin d'être rassuré sur le parent qui lui reste et sur lequel il s'appuie pour vivre. Et comment s'appuyer sur quelqu'un que d'autres critiquent et détruisent par leurs paroles ?

Chacun, dans ces moments de deuil, est capable de trouver en lui les qualités de cœur nécessaires pour aider un enfant orphelin, lui apporter de la tendresse, de l'amour et des paroles respectant ceux qui l'entourent.

La mort d'un enfant

L'enfant mourant

Lorsqu'un enfant est atteint d'une maladie qui risque d'être mortelle, il a besoin que la question de la mort ne soit pas purement et simplement évacuée par son entourage (par crainte d'ajouter de l'angoisse à son état déjà alarmant). Sinon, il se retrouve seul avec la mort, qu'il sait être là près de lui, sans pouvoir en parler : c'est certainement, de tout ce qui peut arriver à un enfant mourant, ce qu'il y a de pire pour lui. Il essaiera de parler de la mort des autres enfants du service hospitalier, s'il est à l'hôpital, ou trouvera d'autres moyens pour forcer l'adulte à aborder le problème. S'il est entendu, l'enfant montre à quel point il s'inquiète de la souffrance de sa famille quand il ne sera plus là. Il arrive, même très jeune, à se penser absent, manquant aux siens. Il exprime aussi ses angoisses sur la mort et les questions qu'il se pose, avec une lucidité, un courage et une dignité qui surprennent toutes les personnes accompagnant les enfants mourants. Dialoguer au sujet de la mort avec un enfant gravement malade ne veut pas dire « tu vas mourir », mais seulement que, devant cette éventualité, chacun peut dire ce qu'il ressent, craint, souhaite. L'enfant a surtout besoin de présence autour de lui. Il se soucie de la fatigue de ses parents qui s'occupent de lui, et il faut le rassurer. Chacun sent combien ces moments sont précieux. Voici ce qu'écrit Ginette Raimbault à ce propos : « Nous croyons profondément que la seule aide que l'on puisse apporter à l'enfant qui va mourir est de lui montrer que l'on est désireux de rester avec lui jusqu'au bout[1]. » Le mot « désireux » est important : il s'agit non pas d'occuper cette place d'accompagnement, mais de la désirer, d'y mettre toute la force de son désir – désir de vie, désir de maintenir vivant ce lien si fragile, quelle que soit l'issue de la maladie. C'est ce désir aussi qui peut permettre à l'enfant de vivre encore...

> Pierre a été un enfant « condamné par la science médicale ». Il a pu heureusement bénéficier de soins nouveaux – et sans doute aussi de la qualité de son entourage – et a survécu. Il raconte : « Je pensais que j'allais mourir parce que je l'avais entendu dire par le médecin à mes parents, plusieurs fois. J'avais peur qu'ils soient malheureux si je mourais, mais, pour moi, je n'avais pas peur. J'avais seulement un grand plaisir à les voir s'inquiéter tant pour moi. Au fond, je ne croyais pas que j'allais mourir. La seule chose que je voyais, c'était leur amour pour moi : j'étais le centre de toute la famille. Je demandais à ma mère si

1. *L'enfant et la mort*, Paris, Dunod, 1995.

> j'allais mourir et elle me disait : "Non, je te le promets !" Cette promesse me redonnait à chaque fois la force de lutter. »

Cette mère trompait-elle son enfant en lui promettant qu'il n'allait pas mourir ? Dire « Moi, je sais que tu vas guérir, vivre », c'est faire un pari sur la force de la relation, c'est dire la vérité de cette relation. Cette promesse engage et celui qui la dit et celui qui la reçoit. Elle mobilise chez l'un et l'autre l'énergie nécessaire pour lutter. Si la maladie l'emporte et que l'enfant meurt, il n'aura du moins jamais été seul dans son combat ; il aura toujours été porté, aidé par l'espérance de ses parents. « Le jour où la mère ne peut plus espérer, l'enfant ne peut plus vivre », m'a confié un grand spécialiste de cancérologie infantile. Si les parents n'espèrent plus, l'enfant sent qu'ils l'abandonnent à la maladie, qu'ils sont eux-mêmes vaincus. Ils cessent d'être tout-puissants comme parents, et l'enfant en est fragilisé.

Mais cette réponse (« Non, tu ne vas pas mourir, tu vas guérir ») n'a de sens que si les parents et l'enfant mourant peuvent parler de la mort ensemble. Sinon, elle pourrait être une façon d'interdire à l'enfant de s'exprimer à ce sujet.

L'enfant qui risque de mourir requiert le temps, l'amour, la pensée de ses parents. Il en a besoin. Chaque minute qui passe est vécue avec la force de l'absolue rareté : bientôt, l'enfant ne sera peut-être plus là. S'il est enfant unique, les parents peuvent se consacrer entièrement à lui. Mais s'il a des frères et sœurs, la mobilisation des parents crée chez eux un sentiment d'abandon, qui s'accompagne de jalousie et de culpabilité. Ils peuvent en vouloir au malade sans pouvoir le montrer ou le dire, parce qu'ils savent qu'il est en danger de mort. Ils peuvent aussi s'identifier à lui, vouloir être comme lui pour recevoir autant d'amour de ses parents. Tous ces sentiments sont normaux, mais ils mettent les enfants dans une grande tension interne, parce que, par ailleurs, ils aiment ce frère ou cette sœur malade et ils sont tristes, malheureux et inquiets pour lui. Les parents doivent être très attentifs aux diverses réactions de la fratrie (chaque enfant ayant sa façon particulière de réagir) pour à la fois rassurer, comprendre, consoler, entourer les enfants non malades. Ils doivent éviter les petites phrases qui renforceraient leur culpabilité déjà grande, comme : « Tu devrais avoir honte de parler méchamment comme ça à ton frère alors qu'il est tellement malade », « Tu ne te rends pas compte ! Toi, tu n'es pas malade ! », etc.

L'enfant malade leur prend leurs parents : il faut qu'ils puissent comprendre et accepter la situation, et ils le peuvent s'ils sont sûrs d'être toujours aimés, s'ils conservent un espace relationnel avec leurs parents et s'ils ont la possibilité d'exprimer et de partager ce qui se passe dans la famille.

> Un enfant très malade avait accaparé complètement l'attention de ses parents, durant des années. Sa sœur, très marquée par la maladie de son frère, comme les autres enfants de la famille, se souvient du rêve qu'elle avait fait une nuit et qui résumait bien les sentiments qu'elle

> éprouvait à ce moment-là : « J'avais fait une belle maman sur le mur et mon frère a tout effacé... » Non seulement celui-ci lui avait pris sa maman (elle n'avait plus le temps de s'occuper de sa fille), mais il avait effacé sa « belle » maman, sans doute parce que les soins intenses nécessaires au petit frère et l'angoisse de le voir mourir avaient transformé cette mère. Elle n'était plus comme avant.

Parler avec l'enfant gravement malade et l'accompagner, l'écouter et lui répondre, mais aussi parler et maintenir vivante la communication entre tous les membres de la famille est, là encore, la meilleure façon de pouvoir vivre sans trop de culpabilité et de tensions internes des événements douloureux pour tous.

La suspension du lien entre le fœtus et sa mère

L'examen (amniocentèse) pratiqué pendant la grossesse pour s'assurer qu'un fœtus n'est pas porteur d'une maladie génétique pose question pour certaines femmes. Plusieurs d'entre elles m'ont parlé de leur trouble à cette occasion : entre le moment où a été prélevé le liquide amniotique et celui où le résultat leur a été donné, elles ont eu le sentiment de suspendre toute relation avec le fœtus. En effet, si les résultats indiquent une maladie génétique chez le bébé, un avortement est proposé. Comment dès lors pouvoir continuer à être en relation avec un fœtus dont on sait que son développement peut dépendre d'un résultat scientifique ? Un immense malaise a habité ces patientes.

Toutes ont été surprises de ce sentiment angoissant qu'elles n'avaient pas prévu : en effet, lorsque le médecin leur avait proposé l'examen, elles l'avaient non seulement accepté mais souhaité. Parfois même elles l'avaient demandé. Après réflexion avec leur conjoint, certaines ont choisi délibérément de refuser l'avortement thérapeutique, quel que soit le résultat de l'examen, et ce, afin de maintenir la relation vivante avec leur fœtus.

Il est utile de prévenir les femmes de cette réaction normale chez elles, afin qu'elles s'y préparent. Je pense, en effet, que (comme pour un enfant malade) la mère ne doit pas anticiper le deuil : il lui est nécessaire de croire que le fœtus est bien formé. Elle protège ainsi son enfant. Quitte à être, éventuellement, démentie par le résultat des analyses, et à en tirer alors les conséquences.

La mort du fœtus et l'enfant mort-né

Une grossesse qui n'arrive pas à terme ou qui aboutit à la naissance d'un enfant mort plonge la mère et le père dans un profond désarroi, car le bébé était attendu, pensé, imaginé, nommé.

À l'effroi provoqué par la mort, s'ajoute l'angoisse et avec elle toutes sortes de questions : Pourquoi mon enfant n'a-t-il pas pu vivre ? Qu'ai-je fait ? Est-ce accidentel ? De plus, l'entourage comprend rarement la détresse du couple puisque « l'enfant n'a même pas vécu ! » et ne favorise pas l'expression de leur souffrance. Les médecins, eux, conseillent souvent...

d'avoir rapidement un autre enfant : pour oublier ? pour consoler ? pour remplacer ?

Et comment parler de ce bébé mort aux enfants déjà là dans la famille ? Ils l'attendaient, ce petit frère ou cette petite sœur... Ils l'avaient senti bouger dans le ventre de leur maman, et parfois même ils avaient suivi le développement de l'embryon et du fœtus à l'échographie... Ils avaient parlé avec leurs parents du bébé à venir, ils ont besoin de parler aussi du bébé qu'ils ne verront pas, de ce bébé qui n'a pas pu vivre et que chacun a imaginé à sa manière, en fonction de ses désirs...

Qu'advient-il du corps d'un fœtus mort ou d'un enfant mort-né ? Jusqu'à la vingt-huitième semaine (c'est-à-dire, quand même, jusqu'au septième mois), le fœtus mort est considéré légalement comme « produit innommé » et sa destination est l'incinérateur de déchets. Comment supporter cela ?

Après vingt-huit semaines, le fœtus ou l'enfant mort-né n'a pas vraiment d'existence légale : un acte d'enfant déclaré sans vie est établi, mais il n'y a aucun délai pour en faire la déclaration à l'état civil et le transport du corps n'est soumis à aucune réglementation. Les funérailles sont possibles, mais non obligatoires... Souvent le corps du fœtus n'est pas montré aux parents et, lorsque le bébé mort-né présente des malformations, il ne leur est pas non plus présenté. Ce n'est que si l'enfant, né vivant, meurt après la naissance qu'il a le même statut que tout corps humain. Aujourd'hui, médecins et familles tentent de faire évoluer cette législation pour permettre une réelle reconnaissance civile du corps des enfants nés non viables afin que les familles puissent en ritualiser la mort.

Ces enfants qui ont cessé de vivre avant d'arriver dans notre monde doivent en effet avoir une place dans la famille : ainsi, chacun pourra exprimer ce qu'il perd et surmonter sa peine. Et si un enfant vient après cette épreuve, sa place sera plus claire, car ce sera la sienne, désamalgamée de celle de l'enfant qui n'a pas vécu.

La mort d'un frère ou d'une sœur

La mort d'un frère ou d'une sœur va bouleverser la famille et chaque enfant réagira en fonction des liens d'amour et de rivalité qui l'attachaient au disparu. Si la rivalité est dominante au moment du drame, l'enfant sera d'autant plus culpabilisé que ses sentiments de haine, de jalousie étaient violents et qu'il croira – inconsciemment – avoir participé à la mort de son frère ou de sa sœur. Si c'est l'amour qui domine, l'enfant est déchiré par la perte de son semblable le plus proche. Il ne se sent pas coupable de sa mort, mais de continuer à vivre sans lui. Pourquoi est-ce l'autre (le frère, la sœur) qui ne jouera plus jamais, qui ne grandira pas ? Pourquoi est-ce lui qui vit ? A-t-il le droit être heureux ? Dans tous les cas, la perte d'un frère ou d'une sœur produit des impressions ineffaçables qui peuvent orienter toute la vie de ces enfants devenus adultes, sans qu'ils le sachent.

Curieusement, il n'y a pas de mot dans la langue française pour qualifier l'état de la fratrie endeuillée ;

c'est regrettable parce que cette perte est très spécifique : ses répercussions sont d'autant moins conscientes qu'elle n'est pas nommée. Un enfant peut être *orphelin*, s'il perd un parent, un conjoint peut être *veuf (veuve)*, mais quel qualificatif donner à cet enfant qui perd son frère, sa sœur ? Je reçois des hommes, des femmes qui, au cours du travail analytique, découvrent qu'ils ne s'autorisent pas à réussir dans la vie ou tout simplement à être heureux parce qu'ils ont le sentiment de voler ce bonheur, ou cette réussite, à celui qui n'a pas vécu. Le choix amoureux peut également être déterminé par cette perte dans l'enfance tout comme l'orientation hétéro ou homosexuelle : un homme qui a perdu son frère lorsqu'il était enfant peut, inconsciemment, laisser le terrain des femmes au frère mort. La rivalité qui existait autrefois entre eux et les sentiments de jalousie qu'il éprouvait à son égard ont suscité en lui une forte culpabilité quand son frère est mort : il a pensé qu'il avait éliminé son rival et se punit ainsi, sans le savoir.

C'est dire si ce qui va être énoncé au moment du drame est important, surtout en ce qui concerne la culpabilité (de se croire à l'origine de la mort, ou de continuer à vivre). Malheureusement, lors de la mort d'un enfant, les frères et sœurs n'osent pas trop manifester leur douleur pour ne pas aggraver celle des parents, ni parler de leurs inquiétudes qu'ils pensent dérisoires en comparaison du drame qui vient d'arriver.

De plus, pour le petit enfant, les parents sont forts et puissants et protègent leurs enfants contre tous les dangers du monde. Cette toute-puissance protectrice et rassurante des parents est ébranlée puisqu'ils n'ont pas pu empêcher un de leurs enfants de mourir et, en plus du chagrin et de l'effondrement dus à la perte d'un frère ou d'une sœur, s'ajoute un fort sentiment d'insécurité parce que cette protection n'existe plus. Le plus souvent, l'enfant reste donc muet : c'est aux parents d'aller le rassurer, d'être près de lui, de lui permettre d'exprimer ses interrogations et sa douleur particulière de frère ou de sœur. Mais « les parents », ce sont un père et une mère, et chacun des deux vit la mort de son enfant de manière personnelle. Même s'il ne faut pas généraliser, les pères ont plus de difficultés à en parler. Le pédiatre Alexandre Minkowski l'a constaté tout au long de son expérience :

> « Je me suis occupé dans mon activité professionnelle de trente-cinq mille enfants en danger de mort à la maternité de Port-Royal pendant quarante ans. [...] Très souvent le père, après la mort d'un enfant, ne veut pas qu'on en parle, et la mère, alors, est confinée pendant très longtemps dans un deuil empêché, très nocif [1]. »

Nocif pour la mère, nocif aussi pour les enfants qui ne peuvent rien exprimer eux-mêmes et sont à leur tour « empêchés » dans leur deuil. On comprend ici l'importance de la parole du père, pour ce deuil, mais aussi pour tous les deuils dans une famille.

Les circonstances de la mort aussi sont importantes : accident dit « domestique » (L'enfant n'était pas

1. Forum international mémoire et histoire : *Pourquoi se souvenir ?*, 25-26 mai 1998, Paris, Grasset, 1999, p. 101.

surveillé ? Qui était chargé de le faire ? Un frère ou une sœur ? Un parent ?), accident de voiture (À qui la « faute » ?), imprudence des parents (accident de montagne, par exemple), toutes ces circonstances conduisent une partie ou l'ensemble de la famille à s'enfermer dans une culpabilité telle que l'élaboration du deuil est entravée et que la communication interfamiliale devient très difficile (les reproches, formulés ou non, pèsent sur les uns et les autres). Si un frère ou une sœur est seul témoin de ce qui a provoqué la mort de l'enfant (par absorption d'un produit, jeu avec des allumettes, noyade dans la piscine, etc.), il se trouve dans une position tellement insupportable (Qu'a-t-il fait ? Qu'aurait-il dû faire ? Que s'est-il passé exactement ?) qu'il a besoin d'être avant tout protégé, entouré par sa famille et souvent aidé à l'extérieur de la famille par un psychologue ou un psychanalyste.

Le suicide d'un grand frère ou d'une grande sœur laisse le jeune enfant complètement démuni : le « grand » est celui qui ouvre la route. Sa mort volontaire inscrit chez le « petit » un doute dévastateur sur ses propres raisons de vivre, doute qui, non traité, peut l'accompagner toute la vie.

La place de l'enfant mort

Quelle place donner à l'enfant mort dans la famille ? Il arrive souvent que, à la question « Combien êtes-vous d'enfants ? » ou « Combien as-tu de frères et sœurs ? » ou « Combien avez-vous d'enfants ? », la réponse soit hésitante. Faut-il compter celui qui n'est plus là ? Mais oui, bien sûr ! « Nous étions trois enfants, mais j'ai un frère qui est mort à la naissance (ou de maladie...). »

C'est simple et, ainsi, chacun a sa place. Personne n'est ni oublié, ni effacé, ni envahissant. Lorsqu'un parent dit à quelqu'un, en présence de son très jeune enfant, « Nous avons eu trois enfants, mais nous en avons perdu un », le mot *perdu* peut troubler celui-ci : comment ses parents ont-ils pu perdre un de leurs enfants ? S'il n'ose pas poser la question, il craindra de n'être pas protégé par eux ou, pis encore, d'être perdu volontairement (comme le petit Poucet). Si le mot *perdu* est employé, il est important de préciser qu'il est mort de ceci ou de cela, afin de bien donner le sens de *perdu* dans ce cas-là. De même : « il est parti », « il nous a quittés » sont des expressions qui doivent être expliquées aux jeunes enfants en prononçant le mot *mort*, ou une locution qui le signifie, comme « il n'a pas vécu », « il n'a pas pu vivre »...

Si un enfant est mort à 3 ans, il y a dix ans, il n'est plus le « petit », car il aurait 13 ans au moment où on en parle. L'enfant mort à 3 mois n'est pas éternellement le « bébé ». Il est mort quand il était bébé, mais il doit garder sa place dans la fratrie (l'aîné, le deuxième, le troisième, etc.) : il est important que chaque enfant puisse se situer par rapport à l'enfant mort. Si c'est le dernier, ce sera encore plus difficile aux parents de le désigner autrement que par « le petit frère » ou « la petite sœur », car cela leur demande déjà beaucoup d'efforts de ne pas dire « le petit » pour le dernier enfant de la famille lorsqu'il est vivant et a... 30 ans !

La vulgarisation de la psychanalyse a depuis longtemps diffusé dans le public la souffrance pour un enfant d'être « l'enfant de remplacement », celui qui vient pour remplacer l'enfant mort, le cas extrême étant celui où le prénom de l'enfant mort est donné à l'enfant suivant. Mais il n'est peut-être pas inutile de la rappeler encore une fois. L'enfant de remplacement est à la place de l'enfant mort dont les parents n'ont pas pu faire le deuil. Il porte le poids de ce deuil non fait et aura beaucoup de difficultés à trouver une identité et une reconnaissance quelconque puisqu'il n'est là que par défaut et qu'il sera ou se sentira toujours comparé à l'enfant mort, idéalisé à jamais. Si l'enfant de remplacement n'est pas du même sexe que celui qui est mort, la confusion se portera aussi sur son identité sexuelle. Laisser marquée la place de l'enfant mort permet à celui qui vient après d'avoir la sienne.

Dans les familles où le deuil de l'enfant mort n'a pas pu être élaboré, nous pouvons rencontrer deux positions extrêmes : ou bien l'enfant mort n'est jamais évoqué, son existence même est déniée, au point que les enfants nés après la mort de leur frère ou de leur sœur ne savent pas qu'il a existé et le découvrent fortuitement et tardivement (en regardant le livret de famille de leurs parents, par exemple), tandis que les autres ne peuvent jamais en parler et vivent avec ce mort fossilisé en eux ; ou bien l'enfant mort est toujours là, sa chambre est intacte et le temps s'est arrêté au jour de sa mort : non seulement tout le monde sait, mais personne ne peut rien dire, la parole étant morte aussi ce jour-là. Toute manifestation de vie est une offense au mort.

Ces cas, rares heureusement, sont la source de troubles chez les enfants, qui ne sont pas perçus par la famille (cela mettrait en cause tout le système construit autour du déni ou de l'interdit de vivre), ni par l'entourage (qui les interprète comme des troubles dus au deuil lui-même). La vie de ces enfants – et des adultes qu'ils deviennent – est très douloureuse. Ce n'est que tardivement qu'ils consultent un psychanalyste pour comprendre le sens de leur souffrance, occulté jusque-là.

Pour aider l'enfant à faire face à la mort d'une personne aimée, voici les points sur lesquels nous, adultes, pouvons nous appuyer :

– Avoir nous-mêmes accepté notre condition de mortel et avoir réussi à traiter la question de la mort avec l'enfant que nous avons été nous-mêmes, et qui souffre peut-être encore aujourd'hui d'un silence ou d'une mauvaise réponse reçue face à cette question.

– Dire la mort au moment où elle a lieu, avec des mots simples et vrais adaptés à ce que l'enfant peut entendre. En effet, le silence ou le non-dit est plus douloureux encore que la mort elle-même car il sépare l'enfant des vivants.

– Lui signifier de quoi est morte la personne : l'enfant se sent coupable et il faut le rassurer. Ce n'est pas sa faute à lui.

– Écouter l'enfant, pour qu'il puisse exprimer ses craintes, ses angoisses, ses questions sur la mort, ce qui vient après, etc. Si l'enfant s'exprime peu, l'observer car il dira autrement qu'avec des mots ce qu'il ressent et ce qui l'inquiète : cela permettra de maintenir la communication.

– Reconnaître son chagrin, son désarroi, et lui permettre de le manifester à sa manière.

– Partager son chagrin.

– Respecter sa place d'enfant. Rester soi-même à sa place de parent et veiller à ce que chacun soit à la sienne : grands-parents, parents, enfants, etc. Laisser au mort la place qu'il avait dans la famille.

5

Je veux aller au cimetière

« Quand mon papa est mort, j'avais 3 ans, et j'ai été chez ma grand-mère. J'aurais voulu aller au cimetière. Je sais même pas où ils ont mis ses os. »

Paul, 6 ans

Il y a dans notre société une crise réelle en ce qui concerne les rituels funéraires dont la forme est liée à la fois à des pratiques très anciennes et à des croyances religieuses qui ont beaucoup perdu de leur vitalité. L'urbanisation et le mode de vie qu'elle implique rendent difficiles des pratiques sociales qui mobilisaient les gens au-delà du petit cercle de la famille. On rencontre encore en France l'existence d'un tel lien social autour de l'enterrement dans nos campagnes : en Vendée, une personne passe chez chaque habitant du bourg et des hameaux avoisinants pour annoncer la « sépulture » de M. ou Mme X, qui aura lieu tel jour, à telle heure, et tout le monde se retrouve à l'église, puis au cimetière. L'importance des rites qui symbolisent le passage de la vie à la mort n'est pas à démontrer : tout le monde en sent la nécessité. Les enterrements sans cérémonie, dans un cimetière avec seulement quelques membres de la famille, laissent chacun dans une solitude douloureuse et ne permettent pas ce « rassemblement » des vivants, ces larmes collectives qui soulagent chacun de sa trop forte émotion. Certaines familles essaient aujourd'hui d'inventer de nouvelles pratiques funéraires en se rassemblant sans support religieux autour du mourant ou du mort, mais ce ne sont encore que des ébauches de rites nouveaux, autour de paroles moins convenues : lectures de poèmes, musiques et témoignages personnels de la famille et des amis.

Mais c'est encore, le plus souvent, une cérémonie religieuse qui est l'occasion du rassemblement de la famille, des amis et des connaissances autour du cercueil. Les enfants découvrent avec surprise et plaisir que leur grand-père (ou grand-mère, père, etc.) connaissait beaucoup de monde et était apprécié(e) par tous. C'est un grand réconfort pour eux de sentir cette solidarité à ce moment-là. Les paroles prononcées par l'officiant (de quelque religion que ce soit), parce qu'elles parlent de la mort en général et qu'elles s'adressent aussi au disparu et à son entourage, permettent de symboliser autrement la perte.

Les cérémonies, avec ou sans cadre religieux, sortent la mort du confinement familial. Ce moment de socialisation du deuil est une occasion d'entendre que tout le monde est mortel et favorise l'éclosion d'une foule de questions pour les enfants – sur la mort, ce qu'il y a après, la religion, etc. – qu'ils peuvent adresser hors du cercle familial aussi bien qu'à leur famille s'ils sentent qu'ils seront écoutés.

L'enterrement ou la crémation

Dans toutes les civilisations, les hommes ont enterré leurs morts : ritualiser la mort, séparer les vivants et les morts appartiennent à la culture humaine dès ses origines.

L'enterrement, ou la crémation, a aussi la fonction de faire rencontrer ce réel : celui qui fut vivant est mort aujourd'hui et son corps disparaît. On le voit disparaître, dans la terre, dans le feu. Cette épreuve de réalité force les vivants à entamer le travail du deuil nécessaire à tous. C'est vrai pour les adultes, c'est également vrai pour les enfants.

Dans le cas d'une mise en terre, le corps mort trouve sa place au moment même de l'enterrement, et la communauté qui est présente en est témoin : un nom, des dates de naissance et de mort inscrits sur une pierre tombale, des fleurs, rappelleront le lieu où a été enterré le cadavre. Chacun sait où « il est ». L'avantage est que le disparu a bien sa place à lui et n'erre pas, dans l'imagination des vivants, un peu partout. La séparation entre vivants et morts est claire et a lieu le jour de l'enterrement. S'il s'agit d'une crémation, les vivants de la famille récupèrent les cendres dans une urne et doivent alors choisir ce qu'ils vont en faire. Certains peuvent les déposer assez vite au cimetière, mais d'autres ont du mal à se séparer des cendres qui représentent le corps et même, pour certains, la personne disparue elle-même.

> Un homme jeune avait perdu sa femme et ne pouvait se séparer des cendres « au moins tant qu'il fait trop froid pour elle ». Les cendres étaient à la maison, ce que lui seul savait. Sa fille, 5 ans, lui demandait sans cesse d'aller apporter des fleurs à sa maman. Il ne savait que lui dire et l'enfant insistait. Je lui ai dit : « Elle veut savoir où est le corps ! » Il a été très troublé parce que se séparer des cendres signifiait pour lui qu'il abandonnait sa femme, et il ne pouvait pas dire à l'enfant que « sa maman était dans leur chambre ».

Si les cendres sont enterrées dans le jardin, cette présence du mort dans le lieu de vie de la famille peut devenir très pesante : l'endroit où sont les cendres devient sacré et le mort « vit » là, non séparé des vivants. La cohabitation peut être mortifère.

Si les cendres sont dispersées en montagne, en mer, etc., le mort sera partout, il n'y aura pas de lieu repérable permettant de lui donner une place limitée dans l'espace. Mais chacun ressent selon ses idées, ses croyances et son imaginaire ce qui est le mieux pour lui. Il faut seulement savoir que ce sont deux modes de rituels très différents puisque, dans le premier cas (l'enterrement), la séparation est rapide et radicale alors que, dans le deuxième (la crémation), elle relève plus du choix des endeuillés et les décisions ne sont pas toujours faciles à prendre.

Les enfants, en général, ont envie d'assister aux enterrements. Même les plus petits peuvent accompagner les parents et participer à ce rite. Mais il peut arriver qu'un enfant refuse. Il sait qu'il ne veut pas, même s'il ne sait pas pourquoi. Ce choix doit être respecté. L'enfant peut très bien rester avec un adulte attentif et penser à ce « dernier voyage » autrement qu'en étant présent. L'écouter, lui parler, être vraiment présent auprès de lui pendant la cérémonie lui permettra de ne pas se sentir abandonné quand les autres sont réunis.

« Et toi, qu'est-ce que tu crois ? »

> « Mon cochon d'Inde est mort et hop ! il est allé au ciel ! Mais pas dans le ciel trop près, parce que vous voyez pas que je prenne l'avion et, “coucou !”, le fantôme de mon cochon d'Inde qui se promène par là ! En fait, les morts, ils vont dans le ciel, mais vraiment très très loin. Enfin... On m'a dit ça... »
>
> Pierre, 8 ans

C'est lors de l'enterrement que l'enfant demande où va le corps, ce qu'il devient, pourquoi on l'enterre, etc. Les religions et les croyances apportaient des réponses faciles aux questions des enfants : paradis merveilleux où l'on retrouve ceux qu'on aime, réincarnation dans un autre corps, etc. À Bali, encore aujourd'hui, la mort est un événement heureux, une fête car elle est un « passage » vers une nouvelle vie. Cette fête est très ritualisée : après la préparation du corps, on le laisse reposer dans un cimetière (quarante-deux jours) pendant que l'âme erre, puis un cortège le conduit vers la crémation dans un mouvement de joie et de fête, car l'âme va être débarrassée de son enveloppe charnelle pour pouvoir se réincarner dans le corps d'un bébé.

En Occident, les adultes sont de moins en moins nombreux à croire à une vie au-delà de la mort. Quand un enfant demande ce que devient le corps d'un mort, ou lorsqu'il est bouleversé et souffre de la mort d'un être très proche, chacun a tendance à recourir à ces croyances pour atténuer sa douleur. Si l'adulte ne croit pas ce qu'il dit, il en est gêné : alors il explique à l'enfant que dans telle religion on pense ceci, et dans telle autre cela... L'enfant écoute ces histoires avec grand intérêt et curiosité mais, s'il sent qu'il peut aller plus loin, il demandera : « Et toi, qu'est-ce que tu crois ? »

C'est à chacun d'être au plus près de sa vérité et de la transmettre avec ses propres capacités créatrices. N'oublions pas quand même que le paradis avait aussi son envers terrorisant, l'enfer, le purgatoire ou l'errance éternelle des âmes... L'accent est mis aujourd'hui sur la mémoire, le souvenir : celui qui n'est plus là reste vivant dans nos souvenirs, dans nos cœurs. Plus nous l'aimions et étions aimé(e)s de lui, plus il est présent en nous et nous donne de la force pour continuer le chemin et transmettre à notre tour ce que d'autres, plus tard, quand nous ne serons plus là, conserveront en eux. L'insistance sur la présence intériorisée s'articule avec le fait qu'aimer et être aimé sont, en dernière analyse, nos seuls moyens de vivre un peu au-delà de notre mort. Sauf à être Mozart, Victor Hugo ou Picasso, bien sûr !

Dire adieu

Avant la fermeture du cercueil, famille et amis sont conviés à dire « un dernier adieu » à celui (celle) qui vient de mourir. Cette rencontre avec le corps est pour les uns une épreuve, pour d'autres non. Cela dépend des représentations que chacun a du corps, de l'autre, de la mort, de la vie et de la relation qu'il entretenait avec celui qui n'est plus. Certains ont besoin de toucher le mort, de le voir encore une dernière fois avant de se séparer de lui définitivement, d'autres sont glacés d'angoisse devant l'étrangeté de ce corps qui a été aimé et qui semble tellement loin maintenant.

Que faire avec les enfants ? Comme pour l'enterrement, c'est à eux de dire ce qu'ils souhaitent et à nous d'écouter, d'entendre et de respecter leur choix. Mais il est important qu'ils puissent dire adieu et, s'ils ne voient pas le corps, s'ils ne veulent pas assister à l'enterrement, ils peuvent le lendemain venir mettre une fleur sur la tombe pour pouvoir, par ce geste, signifier leur adieu.

Les mots et les larmes

Les larmes soulagent en faisant diminuer la tension interne. Elles contribuent aussi à évacuer toutes les pulsions agressives et les sentiments de culpabilité qui y sont liés. Les enfants pleurent souvent par empathie avec les adultes car, chez les petits, les larmes sont davantage occasionnées par la douleur physique ou la colère. Ils observent ceux qui pleurent et ceux qui ne pleurent pas, et ils demandent souvent à ces derniers pourquoi ils ne sont pas tristes. Saint Augustin parle de la mort d'un de ses amis et de l'apaisement apporté par les larmes.

> « Le seul pleurer m'était doux, seul charme à qui mon âme avait donné la survivance de mon ami. [...] Je n'espérais pas le voir revivre, mes pleurs ne demandaient pas ce retour ; je gémissais pour gémir, je pleurais pour pleurer, car j'étais malheureux, j'avais perdu la joie de mon âme. [...] Serait-ce donc que, [...] dans l'horreur où le plonge une perte chère, le cœur se réveille au goût amer des larmes [1] ? »

Oui, les larmes aident et soulagent, mais ce sont les paroles qui symbolisent l'absence.

Et si l'enfant refuse la mort ?

Parfois, le choc est trop violent pour pouvoir être supporté psychiquement par l'enfant, par exemple lorsque la mort est brutale et qu'elle touche les deux parents en même temps (lors d'un accident de voiture, etc.). La seule protection possible pour que l'enfant

---

1. Saint Augustin, *Les confessions*, livre IV, chapitre V.

ne tombe pas en « morceaux » est souvent le déni, si personne ne vient l'aider. Anny Duperey a fait cette expérience à l'âge de 8 ans et donne ce conseil :

> « Si vous voyez devant vous un enfant frappé par un deuil se refermer violemment sur lui-même, refuser la mort, nier son chagrin, faites-le pleurer. En lui parlant, en lui montrant ce qu'il a perdu, même si cela paraît cruel, même s'il s'en défend aussi brutalement que je l'ai fait, même s'il doit vous détester pour cela. [...] Percez sa résistance, videz-le de son chagrin pour que ne se forme pas tout au fond de lui un abcès de douleur qui lui remontera à la gorge plus tard. Le chagrin cadenassé ne s'assèche pas de lui-même, il grandit, s'envenime, il se nourrit de silence, en silence il empoisonne sans qu'on le sache. Faites pleurer les enfants qui veulent ignorer qu'ils souffrent, c'est le plus charitable service à leur rendre [1]. »

Le conseil semble violent ; peut-être est-ce à cause de la réaction extrême d'Anny Duperey enfant qu'elle propose aujourd'hui une attitude, elle aussi, extrême. Que l'enfant refuse dans un premier temps ce qui arrive lorsque la mort le prive de ce qu'il aime le plus est normal. Le forcer à prendre conscience de ce qu'il a perdu doit se faire doucement. Comme l'adulte, il a besoin d'un temps pour reconnaître la perte et l'accepter. Mais, lorsque le temps passe, les adultes ont tendance à croire que l'absence de peine et de manifestations de l'enfant est le signe qu'il a

1. *Le voile noir*, Paris, Le Seuil, 1992, p. 73.

« oublié » ou qu'il ne s'est pas rendu compte. Et personne n'ose alors lui parler de la mort. Non, l'enfant n'a pas oublié, et passé le temps normal de refus, il faut, en effet, l'aider à reconnaître la perte, à l'accepter et à la symboliser par le langage.

6

Les deuils difficiles

Certaines situations rendent plus difficile le travail du deuil chez les enfants. J'en citerai quelques-unes, mais il y en a d'autres...

Les disparus

Certains être aimés disparaissent sans que personne n'ait pu voir leur corps mort : c'est le cas, par exemple, des disparus en mer, en montagne, à la guerre – et l'on songe en particulier à ceux qui ne sont pas revenus des camps de concentration. Le deuil en est particulièrement difficile, car les proches ne parviennent pas à éteindre en eux la petite lueur d'espoir de voir réapparaître un jour la personne aimée. Ils l'attendent.

Comme le conjoint ou le parent, l'enfant entretient ce rêve imaginaire de retrouver son père (ou sa mère, son frère, sa sœur) : ceux qui ont éprouvé toute leur enfance cette attente improbable savent quels sursauts les saisissent encore au moindre coup de sonnette, des années après que la raison les a convaincus que personne ne reviendra plus. C'est bien souvent après des décennies, lorsque le disparu aurait l'âge « naturel » d'être mort, que le deuil se fait, davantage par acceptation de l'ordre des choses que par intégration de la réalité de la mort.

Les morts inavouables

Les maladies sans nom

Certaines maladies sont ressenties comme trop effrayantes ou honteuses pour pouvoir être nommées. Il y a peu de temps encore, le mot *cancer* ne se prononçait pas facilement : la « longue et douloureuse maladie », c'était le cancer. Aujourd'hui, le mot fait moins peur et les parents disent à l'enfant : « Ta tante (ou ton grand-père, etc.) est morte d'un cancer. »

Le sida, autre maladie terrifiante, a été caché à son début parce que souvent ressenti comme une maladie honteuse (liée à la sexualité). Là aussi, l'évolution rapide des mœurs, l'ampleur que la maladie a prise, la volonté des malades atteints du sida en pleine jeunesse d'en parler librement et ouvertement, et la transmission de la maladie par transfusion ont permis que le nom ne soit plus caché.

Nommer la maladie qui a causé le décès est important, car le flou autour de la mort, le non-dit, la gêne d'avoir à prononcer un mot effrayant peuvent inquiéter l'enfant et renforcer son sentiment de culpabilité. En effet, l'enfant ne devine pas *sur quoi* porte la gêne, et peut penser que c'est à cause de lui. Et la culpabilité est un sentiment qui empêche l'élaboration du deuil.

Le suicide

S'il est difficile de dire à un enfant la mort d'un parent proche et aimé, comment lui annoncer que son parent s'est volontairement donné la mort ? Que la personne aimée ait « choisi » de mourir redouble, bien sûr, le sentiment d'abandon. L'enfant éprouve douloureusement le fait que sa présence, son existence n'ait pas suffi à retenir son parent d'un tel acte ; il ne valait donc pas la peine que ce parent vive pour lui ? Il s'en sent dévalorisé, dénarcissisé, et perd confiance en lui.

Alors, faut-il lui dire que son père, ou sa mère, s'est suicidé(e) ? Ce qu'il importe de savoir, c'est que l'enfant, de toute façon, entendra à un moment ou à un autre le mot « suicide » à propos de la mort de son parent. Et là, de deux choses l'une : ou bien il se protégera (puisqu'on ne le lui a pas dit) et refusera ce savoir en le déniant totalement. Il mettra donc en place un système de défense qui nécessite une grande énergie pour empêcher ce savoir de resurgir, énergie qui ne pourra pas être utilisée pour son développement (car chacun possède une quantité d'énergie limitée qu'il « dépense » à ceci ou cela). Ou bien il acceptera ce savoir comme un secret honteux qu'il gardera pour lui. Il se trouvera alors séparé émotionnellement des membres de sa famille parce qu'ils ne lui auront rien dit. Il ne se sentira pas non plus reconnu par eux, puisqu'ils ne lui font pas partager ce drame, précisément au moment où il se sent complètement dévalorisé par le suicide de son parent.

Ces secrets, qui aggravent le sentiment de ne pas valoir grand-chose, on les appelle parfois les « cadavres dans le placard ». Ils se transmettent, hors discours, d'une génération à l'autre, par l'inconscient. On peut découvrir, au cours d'une psychanalyse, que des comportements pathologiques sont induits par ces « savoirs inconscients » que le sujet ne connaît pas mais qui ont des effets sur sa vie.

Donc l'enfant saura, même si personne ne le lui dit. C'est seulement s'il l'apprend de l'entourage et au moment où cela a lieu que cette situation très difficile à supporter sera la moins dangereuse pour lui. Le parent qui reste peut lui dire que son père (sa mère) a choisi d'arrêter de vivre, expression qui donne un sens au mot *suicide* qu'il faut prononcer devant lui – mais pas forcément en s'adressant à lui.

Comme pour tout sujet difficile à aborder avec un enfant, si le conjoint du parent qui a mis fin à ses jours ne se sent pas la force d'en parler avec lui, il peut lui dire : « Je ne me sens pas capable de te dire ce qui s'est passé, c'est trop dur pour moi, mais ton oncle (ta grand-mère, etc.) va t'en parler. Je lui fais confiance. Et nous en parlerons tous les deux un peu plus tard... » Plus tard, cela veut dire quelques jours après le drame, autour de l'enterrement. Trop attendre, c'est risquer de ne jamais trouver le bon moment.

Ainsi, l'enfant saura, et il saura que son parent restant sait qu'il sait. Il pourra alors poser les questions qui ne manqueront pas de le tourmenter, sans doute pour longtemps. Ses sentiments face au suicide d'un parent peuvent être multiples et violents : colère contre celui qui l'abandonne, colère contre lui-même qui n'a pas été assez « bien » pour l'en empêcher, effondrement narcissique, vacillement de l'identité, etc.

Comment s'identifier à ce parent qui n'a plus voulu vivre et qui laisse son enfant avec le suicide comme réponse désespérée à un problème trop lourd ? Quel problème ? Pourquoi ne voulait ou pouvait-il (elle) plus supporter la vie ? Pourquoi le parent vivant n'a-t-il pas su l'aider ? ou l'aimer ? Devant l'ampleur du questionnement et des émotions, l'entourage, lui-même effondré et culpabilisé, ne peut pas toujours être suffisamment disponible. C'est alors une indication pour consulter un psychanalyste.

La douleur interdite

Je citerai trois situations dans lesquelles le parent vivant interdit toute question et toute manifestation d'émotions à partir de ses propres sentiments, sans tenir compte de l'enfant qui est complètement nié comme « personne » :

« La vie continue »

Le conjoint peut refuser toute manifestation de douleur et toute parole autour de la perte qu'il vient de faire, et imposer cette attitude à son entourage.

Lors de la mort accidentelle de son mari, une jeune femme déclara à ses enfants et à son entourage : « Nous ne sommes pas là pour pleurer et parler de lui. La vie continue. » Aucune larme, aucune parole ne fut acceptée par cette jeune femme. Ce mur de silence déclencha une suite de drames chez un enfant qui mit « en actes » la mort du père qui n'avait pu se mettre « en mots » : accidents, blessures, etc.

« On va enfin être heureux »

La mort d'un conjoint n'est pas toujours un drame pour le survivant : elle peut être un réel soulagement. Un conjoint violent, tyrannique, odieux, etc., qui avait été « supporté » (pour quelque raison que ce soit) libère en mourant la personne qui reste. Celle-ci peut empêcher l'enfant non seulement d'exprimer sa douleur, mais même de l'éprouver. Telle mère dit à son enfant : « On va enfin pouvoir être heureux ! »

Comment l'enfant peut-il se situer ? Que peut-il comprendre de ses propres sentiments, qui sont forcément différents de ceux qu'éprouve sa mère ? Qu'était son père pour lui ? Quel est ce bonheur que lui offre sa mère, maintenant que le père n'est plus là ? Il a, lui aussi, quelque chose à dire ; où pourra-t-il le faire ?

« Ce n'est pas grave »

Benjamin perd son père à l'âge de 4 ans. Le jour de cette mort, sa mère lui dit : « Ce n'est pas grave, ce n'était pas ton père ! » (l'enfant portait le nom de cet homme du fait d'une « reconnaissance par mariage »).

Ce jour-là, l'enfant perd doublement son père et ne peut pas le manifester. Il est submergé par des questions sur la mort, sur cet homme, sur son « vrai papa », etc. Il est seul pour tenter de comprendre tout ce qui se passe en lui.

Dans ces trois cas, les phrases « la vie continue », « on va enfin être heureux » et « ce n'est pas grave » interdisent le deuil, l'expression, la parole autour de la mort et rendent très confus tous les sentiments de l'enfant. Les conséquences pour son équilibre sont souvent graves. Il existe beaucoup d'autres situations de ce genre qui empêchent l'enfant d'entrer dans l'élaboration du deuil ou qui le rendent difficile. Les enfants ou les adultes qu'ils sont devenus consultent souvent un psychologue ou un psychanalyste pour des troubles qui trouvent leur origine dans ces deuils interdits.

7

Le deuil et le travail du deuil

Qu'est-ce que le deuil ?

Freud écrit : « Le deuil est la réaction à la perte d'une personne aimée. » Il comporte « un état d'âme douloureux, la perte de l'intérêt pour le monde extérieur – dans la mesure où il ne rappelle pas le défunt –, la perte de la capacité de choisir quelque nouvel objet d'amour que ce soit – ce qui voudrait dire qu'on remplace celui dont on est en deuil –, l'abandon de toute activité qui n'est pas en relation avec le souvenir du défunt [...]. Cette inhibition et cette limitation du moi expriment le fait que l'individu s'adonne exclusivement à son deuil, de sorte que rien ne reste pour d'autres projets et d'autres intérêts. »

Chaque deuil est bien sûr unique et dépend de la relation qui liait l'endeuillé au mort : relation intellectuelle, affective, filiale, amoureuse, relation de dépendance ou non, etc.

Ce retrait du monde est le signe d'un travail psychique qui va durer le temps du deuil, nécessaire pour que le moi puisse redevenir libre et sans inhibitions et se réinvestir dans de nouveaux projets et de nouvelles relations. Le disparu manquera toujours, ne sera pas « remplacé », mais le survivant pourra de nouveau trouver du goût à la vie. Freud, en 1929, écrit à un ami qui vient de perdre un enfant : « On sait que le deuil aigu se terminera après une telle perte, mais on restera inconsolé, ne trouvera jamais de remplacement. Tout ce qui vient à la place [...] reste pourtant autre chose [...]. C'est la seule façon de poursuivre l'amour qu'on ne veut pas abandonner. »

Il n'y a pas si longtemps, ce temps de deuil était porté socialement : des signes extérieurs (comme la couleur des vêtements) marquaient les endeuillés et ce pendant une durée convenue bien établie. Grand deuil, deuil, demi-deuil scandaient en dégradé, sur une ou plusieurs années, les différentes étapes du deuil. Cela permettait à l'entourage de l'endeuillé de comprendre et de respecter sa tristesse, son désintérêt pour son environnement, etc. Et, avec la fin du temps du deuil, la vie normale reprenait son cours. Le temps du deuil personnel pouvait bien sûr différer du temps du deuil social, mais la fin du deuil social autorisait à mettre fin sans culpabilité au deuil personnel. Maintenant, chacun est soumis individuellement à son deuil, puisque son traitement dans le temps n'est pas réglé de l'extérieur. Le travail du deuil, qui était pris en charge collectivement, est maintenant à la seule charge de l'individu, ce qui aggrave la solitude de l'endeuillé.

Aujourd'hui, non seulement il n'y a plus de signes extérieurs ni de scansion dans le temps, mais chacun se force à masquer sa peine, à « prendre sur lui » en faisant exactement comme si de rien n'était. Croire que l'on peut faire l'économie du deuil est illusoire, car ce travail se fera, mal, ou sera bloqué, et les conséquences pèseront sur le sujet. En effet nier le bouleversement psychique qui se passe à l'intérieur de soi ne peut que conduire à un état permanent « dépressif » : les antidépresseurs masqueront un temps la cause de ce vide intérieur, mais ne régleront pas le problème. Reconnaître et accepter cette souffrance, c'est reconnaître et accepter un manque en soi et dans l'autre, et peut-être est-ce cela qui est insupportable.

La mort d'un être cher nous confronte avec ce réel insoutenable : l'être aimé n'est plus. Tout l'amour que nous lui avons porté, nous devons le retirer hors de lui, mais nous nous y refusons ; et tout l'amour qu'il nous portait doit s'arracher de nous et nous laisser avec ce creux qui nous fait vaciller. En effet, perdre quelqu'un qu'on aime, c'est mettre à nu en soi le vide que la personne aimée venait combler (c'est le sens des phrases comme « depuis qu'il est mort, je me sens amputé(e) », « c'est comme si une partie de moi avait été arraché(e) » ou « je suis comme déchiré(e) dans mon corps », etc.), et ce vide appelle l'autre (le disparu), l'absent, dans une quête désespérée et douloureuse. Mais c'est aussi révéler brutalement chez le mort un vide que l'endeuillé remplissait. Ce n'est pas seulement l'autre que je perds quand il meurt, c'est aussi le besoin qu'il avait de moi et qui donnait une importance à mon existence, pour lui, et du même coup pour moi. Je comblais un manque en lui, manque qui me donnait une place en lui. En le perdant, je perds ce manque en lui qui rendait mon existence utile (pour lui) et nécessaire. De là naît une sensation de totale solitude et d'inutilité : « personne, plus jamais, n'aura besoin de moi », « ma vie n'a plus de sens », « je ne suis plus rien ». Dans son roman *Adolphe*, Benjamin Constant exprime ce sentiment : lors de la mort d'Ellénore, Adolphe découvre avec une « douleur déchirante » cette place qu'il occupait chez elle.

> « Naguère, toutes mes actions avaient un but ; j'étais sûr, par chacune d'elles, d'épargner une peine ou de causer un plaisir. Je m'en plaignais alors ; j'étais impatienté qu'un œil ami observât mes démarches, que le bonheur d'un autre y fût attaché. Personne maintenant ne les observait ; elles n'intéressaient personne ; nul ne me disputait mon temps ni mes heures ; aucune voix ne me rappelait quand je sortais. J'étais libre, en effet, je n'étais plus aimé : j'étais étranger pour tout le monde [1]. »

La réaction de l'endeuillé ressemble à certaines formes de maladie psychiatrique (la mélancolie), pourtant elle semble normale à tout le monde dans un tel cas, parce que chacun sait que le temps redonnera vie à la personne en deuil, grâce au « travail du deuil ».

---

1. Benjamin Constant, *Adolphe*, Paris, Gallimard, La Pléiade, 1957, p. 79.

Le travail du deuil

Cette expression, qui nous vient de Freud, met bien en lumière qu'il s'agit d'un travail, qui mobilise beaucoup de temps et une grande énergie psychique chez l'endeuillé. Tout son monde intérieur est fracturé. Il va falloir, par étapes, remanier ce monde interne et retrouver la sécurité nécessaire pour continuer à vivre. Cela demande du temps et une disponibilité pour réinterroger ses deuils antérieurs. Et particulièrement le tout premier, le deuil de l'objet perdu à toujours (ou à jamais !), celui de la mère qui ne faisait qu'un avec nous : naissance, sevrage, sont les prototypes de toute séparation et nous avons vu que le travail psychique du deuil est le même que celui qu'a eu à élaborer le nourrisson. C'est bien à cause de ce travail de deuil de la mère première que fit le bébé à la naissance, au moment du sevrage et lors de ses absences que nous pouvons dire que le petit enfant connaît la mort : il a déjà traité la douloureuse question de la séparation, il est encore près de cette expérience à partir de laquelle il est devenu un sujet séparé de sa mère.

Les différentes étapes du travail de deuil – le choc et le refus de la réalité, puis l'idéalisation du mort, enfin la reconnaissance de l'ambivalence des sentiments – ne sont pas linéaires : il y a des allers-retours, des temps plus ou moins longs pour chacun et pour chaque deuil. Le fait de rencontrer plusieurs deuils successifs de même nature ou non (morts de plusieurs personnes, ou une mort et une séparation – départ d'un enfant de la famille –, ou une mort et une perte d'emploi, etc.) complique encore le travail déjà complexe du deuil. Et si les deuils antérieurs n'ont pas été vraiment élaborés, ils rendront le nouveau deuil plus douloureux encore.

Le refus de la réalité : « Je ne veux pas le croire »

Dans un premier temps, la personne est sous le choc et ne réalise pas ce qui vient d'arriver. « Ce n'est pas possible, dit-elle, ce n'est pas vrai. » Cette réaction lui permet de se protéger devant cette intrusion violente (la mauvaise nouvelle) qui est repoussée, non intégrée, le temps qu'elle mobilise assez d'énergie pour supporter la douleur provoquée par cette perte. Il en est de même pour une blessure violente sur le corps : dans un premier temps, il se produit une anesthésie naturelle et il n'y a aucune douleur.

La frontière entre le réel et l'imaginaire vacille

À un moment, il faut accepter l'idée du « jamais plus » : jamais plus voir, jamais plus entendre, jamais plus toucher celui ou celle qui vient de nous quitter. Jamais plus de projets... Ce « jamais plus » cause une telle douleur qu'apparaissent des phénomènes troublants : la réalité que l'on a entrevue s'efface brusquement, et le disparu est là devant nous, ou derrière. On se surprend à l'attendre, à penser à lui dire telle ou telle chose, parfois à mettre son couvert à table. À tout instant, il nous semble l'apercevoir dans la rue. Ces hallucinations existent chez l'enfant comme chez l'adulte et sont normales au début du deuil.

Si la souffrance ne peut être supportée par la personne, elle peut vouloir rejoindre le mort pour ne pas le perdre et donc mourir (comme, récemment, le chanteur Nino Ferrer à la mort de sa mère), ou bien, à l'autre extrême, refuser cette mort, la dénier. Anny Duperey raconte qu'après avoir découvert, enfant, ses deux parents morts asphyxiés dans la salle de bains, tout ce qu'elle avait vécu avant ce moment et leur mort elle-même a été oublié, effacé ; elle est née à partir de leur mort : « J'ai tout rejeté d'eux pour survivre [1]. »

Le temps présent est suspendu

La personne vit dans le passé pour rechercher le moindre souvenir, pour comprendre ce qui est arrivé, pour refaire l'histoire (surtout s'il s'agit d'une mort accidentelle), pour garder le mort en elle, pour ne pas oublier ; et, d'autre part, cette mort la projette vers sa future mort, avec le sentiment terrible que ce qui sépare la vie de la mort est à peine perceptible. On entend, aux enterrements, ces phrases « on n'est pas grand-chose sur cette terre », « la vie ne tient qu'à un fil », etc. Les petits événements de la vie quotidienne paraissent tout d'un coup complètement dérisoires face à la mort.

1. *Le voile noir*, Paris, Le Seuil, 1992.

Il n'y a pas si longtemps encore, dans certaines provinces, on arrêtait les horloges dans la maison où était le mort pour signifier cette suspension du temps.

« Un seul être vous manque et tout est dépeuplé[1] »

Le présent est de nouveau investi. Le sujet accepte de reconnaître la réalité de la perte.

> Une jeune femme ne put se coucher et dormir pendant des semaines après la mort de sa mère, de peur de rêver qu'elle était encore en vie et d'avoir à revivre ce moment de conscience où elle avait compris et accepté cette mort : « Je ne me sentais pas capable de revivre une telle douleur. »

Pour certains, ce savoir conscient n'est qu'intellectualisé. Le sujet sait, mais émotionnellement il n'a pas vraiment accepté la perte. Cette distorsion peut durer des mois et provoquer de l'angoisse.

> Un homme « savait » que son père était mort, il envoyait à sa mère l'argent nécessaire pour qu'elle puisse continuer à vivre convenablement, lui téléphonait et semblait parfaitement supporter ce deuil. Mais il n'allait jamais voir sa mère chez elle (elle venait faire des séjours chez lui) parce qu'il ne pouvait pas voir la place vide du père dans la maison : cette rencontre avec l'absence du père lui paraissait insurmontable. Cela a duré plusieurs années.

---

1. Alphonse de Lamartine, « Isolement », *Méditations poétiques.*

L'idéalisation

La personne disparue dans la réalité est idéalisée et envahit l'espace psychique de l'endeuillé. « Ce sont les meilleurs qui s'en vont. » Dans un premier temps, la souffrance est trop grande pour pouvoir prendre en compte, dans le travail de séparation, l'ambivalence des sentiments. Le disparu est surinvesti, il occupe entièrement la pensée au moment où il n'a plus d'existence réelle.

Colères ou reproches peuvent succéder à ce temps d'idéalisation, ou même alterner avec lui : pourquoi le mort nous a-t-il abandonné ?

> Un enfant de 5 ans, en séance analytique, met en scène un enterrement avec des petits personnages. Un d'entre eux est approché du « trou pour mettre la boîte » et fait semblant de jeter violemment de la terre sur le cercueil en disant : « Tu es méchante de nous laisser tout seuls ! »
> Sa grand-mère était morte six mois auparavant et il en parlait avec beaucoup de chagrin et de tendresse. Il pouvait, par le jeu, lui dire sa colère d'avoir été abandonné. Ce reproche montrait que, après l'abattement causé par cette perte, il retrouvait sa force de vie et pouvait de nouveau admettre l'ambivalence de ses sentiments sans crainte.

La mort d'un être aimé est vraiment ressentie par l'enfant comme un abandon – comme l'absence de la mère quand l'enfant était petit. Dire à l'enfant que, oui, c'est un peu « comme si » la personne nous avait abandonnés, que c'est cela que nous ressentons...

mais que Mamie ou Tonton préféreraient bien sûr être encore avec nous... Dans l'idée que l'autre nous abandonne, il y a l'idée qui se profile en nous que vivre à nouveau, créer des liens nouveaux, aimer la vie à nouveau, c'est aussi un peu « abandonner » le mort. Si c'est seulement « comme si », l'enfant ne se sentira pas coupable de vivre joyeusement à nouveau.

Ce temps du travail du deuil met le sujet dans une sorte de dépression. L'enfant peut régresser : il parle moins bien, fait le bébé, etc. Il voudrait être « comme avant », quand la famille était au complet. Le lui dire l'aide à symboliser ce qui se passe confusément en lui.

La fin du deuil

Puis, peu à peu, la personne aimée est complètement intériorisée, comme les « bons parents » du bébé l'ont été. Le travail de désinvestissement va permettre, plus tard, des investissements affectifs nouveaux. Pour cela, il faut que le survivant ait pu reconnaître en lui et accepter les sentiments négatifs qu'il éprouvait pour celui qui est parti et qui font partie de tout sentiment d'amour. Il pourra le faire s'il a intériorisé des images positives du disparu et s'il a, en même temps, pu éviter que les bonnes images qu'il a en lui n'aient été détruites par cette perte.

Lentement, le sujet accepte de reconnaître, sans se sentir menacé ou indigne, que ni lui ni celui qui est mort n'étaient « parfaits » : comme dans toute relation, des sentiments positifs et négatifs habitaient chacun des deux.

Cette reconnaissance marque en général que le travail du deuil touche à sa fin.

La fin du deuil ne veut pas dire que le mort est oublié ni que la douleur est définitivement partie : elle réapparaîtra, sans prévenir, mais sera acceptée et ne durera pas. Les évocations du disparu seront moins douloureuses, les souvenirs heureux feront à nouveau sourire. La personne disparue aura repris la place réelle qu'elle avait eue. Personne ne la remplacera, mais de nouveaux liens se créeront, qui seront différents.

Les vivants seront enrichis de tout ce que le mort leur aura apporté : un modèle, un art de vivre, un exemple, une force... Le souvenir, la mémoire est ce qui permet de lier le passé et le présent ; c'est ce qui a été, qui n'est plus mais qui nous habite et nous fait vivre. Celui qui est mort vit en nous. « Qui ne se souvient pas est plus mort que les morts », écrit Victor Hugo[1].

La fin du deuil est marquée par ce souvenir apaisé de celui qui n'est plus et permet au vivant d'aller de nouveau librement dans le monde, sans culpabilité, en harmonie avec ce qu'il est devenu.

---

1. Victor Hugo, « Veni, vidi, vixi », *Œuvres poétiques complètes*, Paris, J.-J. Pauvert, 1961, p. 429.

Conclusion

La mort ne s'apprend pas, et personne n'a plus de compétence qu'un autre pour en parler. Si chaque adulte a le courage (il en faut !) de se poser la question de sa mort et de la mort de ceux qu'il aime ou a aimés, il saura faire face aux interrogations de son enfant. Peut-être la seule chose qui ne se devine pas, c'est l'incroyable connaissance de l'enfant sur tout ce qui touche à la séparation – et donc à la mort –, et c'est ce que j'ai voulu souligner dans ce livre.

Dès qu'il commence à se déplacer et à parler, le petit enfant fait des découvertes sur la fin des choses et la mort, à partir de ce qui l'entoure (objets, végétaux, animaux et – beaucoup plus rarement – humains). Ces découvertes sollicitent sa curiosité sur le vaste monde et certaines résonnent au plus profond de lui avec les expériences de séparations qu'il a vécues nourrisson.

À chaque étape, à chaque interrogation, il aimerait partager ses questions ou ses inquiétudes avec un adulte bienveillant. Soyons accueillants à tout ce qu'il essaie de nous dire et nous serons surpris de ce qu'il sait, ressent, imagine et craint. Il a besoin de notre écoute active pour augmenter sa confiance en lui-même. Acceptons aussi de dire qu'il y a beaucoup de choses que nous ne savons pas ! Et si l'on ne se sent pas très à l'aise pour parler de la mort, pourquoi ne pas le lui dire en lui proposant de parler à telle ou telle personne qui répondra plus facilement à ses questions ?

Tous les échanges de langage avec les enfants autour des questions fondamentales sont précieux. Et le jour où l'enfant et son entourage auront à affronter la mort d'un membre de la famille, ils seront déjà dans le dialogue autour de ce mystère et pourront partager, avec des mots et des gestes chaleureux, leur chagrin et leur désespoir. L'effroi que l'idée de mort produit sur chacun aura été « humanisé » par le langage avant la rencontre avec le deuil d'un mort particulier, laissant alors tout l'espace à la douleur partagée parce que reconnue et acceptée.

N'oublions jamais – cela vaut pour tout dialogue avec les enfants – qu'un enfant est un enfant ! On ne lui parle pas comme à un adulte. Les mots, les gestes pèsent sur lui autrement que sur nous. Pour savoir ce qu'il peut entendre, il faut d'abord l'écouter.

Parler avec l'enfant, ce n'est pas seulement parler à l'enfant. Psychologues, psychanalystes, médias, tout le monde s'accorde à dire « il faut parler », « il faut mettre des mots sur ce qui fait souffrir». Oui, mais c'est à celui qui souffre de «mettre les mots»: notre souffrance ne s'exprime pas comme la sienne, alors ne projetons pas la nôtre sur lui, il ne s'y reconnaîtrait pas. Laissons-le dire ce qu'il sent, à quoi il pense, les questions qu'il se pose, même si elles peuvent nous surprendre.

> Apprenant que sa mère vient de mourir, Amélie, 4 ans, se met à pleurer en disant : « Qui c'est qui va me donner à manger ? »

Amélie veut signifier tout à fait autre chose que «maman = faire à manger» ! Elle est encore dans ce lien où la mère est celle qui nourrit, dans tous les sens du terme : elle fait vivre l'enfant bien au-delà des seuls besoins, par le don de son amour lié à la nourriture, aux soins, etc. Répondre à Amélie qu'elle n'a pas à s'inquiéter, que quelqu'un d'autre lui donnera à manger, ne va pas lui permettre de se confier davantage et ne la rassurera pas. Non, personne ne lui donnera à manger comme le faisait sa maman. On peut le lui dire et pleurer avec elle. C'est cela, *reconnaître* la souffrance de l'enfant. Et, petit à petit, l'aider à retrouver le goût de la vie, sans maman, autrement. Il s'agit de donner la parole, de l'autoriser, de la favoriser et de l'accueillir pour avoir un véritable échange avec l'enfant. Car le plus important, au moment où quelqu'un manque pour toujours dans la famille, est d'être ensemble, rassemblés autour de cette absence, et de partager les émotions en passant par la parole. Une parole qui n'est pas là pour remplir un vide, mais qui vient comme un acte, comme le don d'une présence.

Pour finir, je donnerai la parole à ce petit garçon de 8 ans, qui était arrivé quelques mois plus tôt chez moi en me disant : « Je viens te voir parce que je n'arrive pas à m'enlever de la tête que j'ai peur de mourir » :

> « Après tout, la mort, c'est quand même pas si nul ! Maintenant, j'ai compris ce que c'est le bonheur ! »

Lier le bonheur de vivre à la conscience de la mort, c'est ce que les poètes et les philosophes ont toujours fait ! À travers leurs jeux et leurs questions, les enfants nous adressent eux aussi ce message. Si nous savons les entendre, dans quelque domaine que ce soit, nous libérons leur énergie créatrice. Et la création, parce qu'elle comprend dans l'acte créateur lui-même la dimension de la mort... c'est la vie !

Il se pose pour le sujet la question de son existence, [...] en tant que question articulée : « qui suis-je là ? » concernant son sexe et sa contingence dans l'être, à savoir qu'il est homme ou femme d'une part, d'autre part qu'il pourrait n'être pas, les deux conjuguant leur mystère, et le nouant dans les symboles de la procréation et de la mort.

Jacques LACAN

Bibliographie

Des livres à lire ensemble

Ces dix dernières années, il est paru un nombre impressionnant de livres pour enfants ayant la mort pour thème. C'est bien le signe qu'elle occupe de plus en plus de place dans nos réflexions, comme pour se rappeler à notre souvenir au moment où la jeunesse peut se prolonger bien au-delà de la quarantaine, et la vieillesse, au-delà du siècle. Quant à la mort elle-même, la science parle aujourd'hui de la faire mourir...

Ces livres permettent de dialoguer avec les petits enfants sur la perte, la fin des choses, la séparation et la mort, à travers la lecture faite ensemble, en dehors de toute expérience de deuil. Ces évocations faciliteront l'expression des émotions et le dialogue si un deuil frappe la famille. Mais certains livres abordent le problème avec tant de sérénité que la mort perd toute sa dimension tragique. *Attention !* Parler de la mort ne signifie pas la banaliser, car ce serait alors une autre façon de la nier, et de refuser le travail du deuil.

L'orientation très pédagogique de la littérature enfantine de ces dernières années ne concerne pas seulement la mort mais tous les sujets qui touchent les problèmes sociaux ou familiaux graves. Je préfère de beaucoup les livres pour enfants qui n'ont de but que littéraire, parce qu'ils atteignent le lecteur, qu'il soit enfant ou adulte, bien au-delà du simple « savoir ».

J'en citerai donc quelques-uns qui parlent de la mort et que j'ai appréciés. Il y en a d'autres : chacun trouve dans ce qui lui est offert les réponses qu'il cherche. Mais c'est lorsqu'on trouve, dans un livre, quelque chose qu'on ne cherchait pas qu'on fait une véritable découverte, comme le nourrisson qui, pour la première fois de sa vie, cherche le sein pour apaiser sa faim et trouve, en plus, la chaleur, la douceur, l'odeur, la voix de sa mère...

S. ALEXANDER, *Leïla*, Paris, Bayard, 1986.

A. BEGAG, *Ma maman est devenue une étoile*, Paris, La Joie de lire, 1995.

D. BUCHANAN SMITH, *Le goût des mûres*, Paris, Gallimard, 1994.

P. DUMAS, *Ce changement-là*, Paris, L'école des loisirs, 1981.

L. et N. HUSTON, *Véra veut la vérité*, Paris, L'école des loisirs, 1992.

M. KALDHOL, *Adieu Valentin*, Paris, L'école des loisirs, 1990.

A. LOBEL, *Oncle éléphant*, Paris, L'école des loisirs, 1982.

P. NOTTET, *Les bigarreaux noirs*, Paris, L'école des loisirs, 1993.

S. PERNUSCH, *Faustine et le souvenir*, Paris, Casterman, 1998.

F. SEYVOS, *Pochée*, Paris, L'école des loisirs, 1994.

S. VARLEY, *Au revoir Blaireau*, Paris, Gallimard, 1986.

M. VELTHUIJS, *La découverte de Petit-Bond*, Paris, L'école des loisirs, 1991.

Quelques références

P. ARIÈS, *L'homme devant la mort*, Paris, Seuil, 1979.

F. DOLTO, *Parler de la mort*, Paris, Mercure de France, 1998.

A. DUPEREY, *Le voile noir*, Paris, Seuil, 1992.

C. FAURÉ, *Vivre le deuil au jour le jour*, Paris, Albin Michel, 1995.

S. FREUD, « Deuil et mélancolie », *Métapsychologie*, Paris, Gallimard, 1968.

S. FREUD, « Considérations actuelles sur la guerre et sur la mort », *Essais de psychanalyse*, Paris, Payot, 1995.

S. FREUD, « Au-delà du principe de plaisir », *Essais de psychanalyse*, Paris, Payot, 1995.

M. KLEIN, *Essais de psychanalyse*, Paris, Payot, 1968.

E. KÜBLER-ROSS, *La mort et l'enfant*, Genèse, Tricorne, 1986.

J. LACAN, *Écrits*, Paris, Le Seuil, 1966.

J. LACAN, *Les complexes familiaux dans la formation de l'individu*, Paris, Navarin, 1984.

M. MANNONI, *Le nommé et l'innommable*, Paris, Denoël, 1991.

G. RAIMBAULT, *L'enfant et la mort*, Paris, Dunod, 1995.

Table des matières

Imprimé en France par Brodard et Taupin
en septembre 1999
pour le compte de Bayard Éditions

Dépôt légal : septembre 1999
N° d'éditeur : 5025 – N° d'imprimeur : 6570W